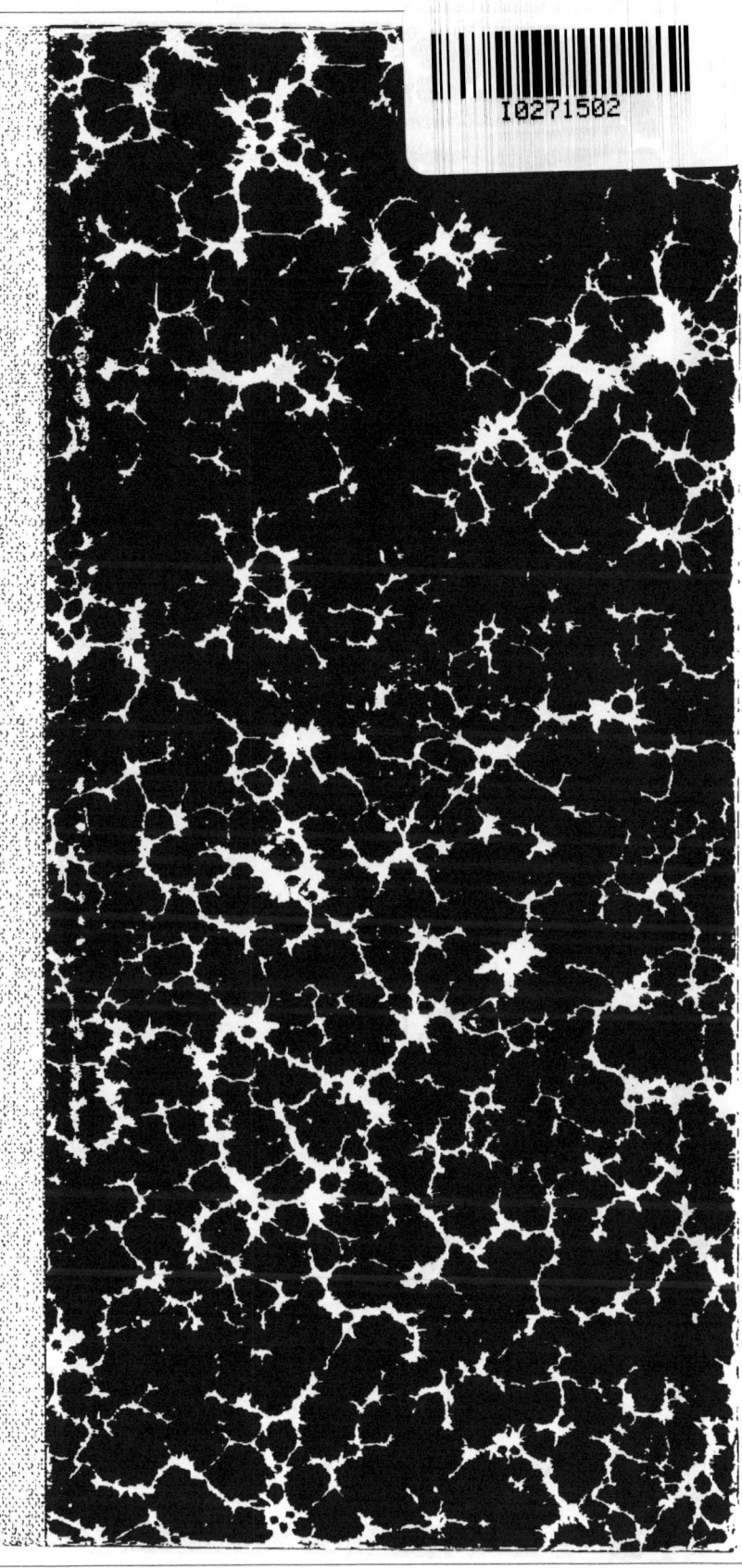

BOULANGE

RECHERCHES HISTORIQUES

SUR

FROTARD

DIXIÈME ABBÉ DE SAINT-PONS DE THOMIÈRES
LÉGAT DE S. GRÉGOIRE VII

AVEC UN PLAN INÉDIT DE L'ANCIENNE ABBAYE DE SAINT-PONS
TIRÉ DE LA BIBLIOTHÈQUE DE M. DE BONNE
Curé archiprêtre de Saint-Pons de Thomières

PAR

L'ABBÉ BÈNE

Aumônier de l'Hospice civil et militaire de Lodève

MONTPELLIER,
DE L'IMPRIMERIE DE JEAN MARTEL AÎNÉ,
RUE BLANQUERIE, 3, PRÈS DE LA PRÉFECTURE
1875

RECHERCHES HISTORIQUES

SUR

FROTARD

DIXIÈME ABBÉ DE SAINT-PONS DE THOMIÈRES.

RECHERCHES HISTORIQUES

SUR

FROTARD

DIXIÈME ABBÉ DE SAINT-PONS DE THOMIÈRES

LÉGAT DE S. GRÉGOIRE VII

AVEC UN PLAN INÉDIT DE L'ANCIENNE ABBAYE DE SAINT-PONS

TIRÉ DE LA BIBLIOTHÈQUE DE M. DE BONNE

Curé archiprêtre de Saint-Pons de Thomières

Par l'Abbé BÈNE

Aumônier de l'Hospice civil et militaire de Lodève

MONTPELLIER,

DE L'IMPRIMERIE DE JEAN MARTEL AÎNÉ,

RUE BLANQUERIE, 2, PRÈS DE LA PRÉFECTURE.

1875

A Sa Grandeur Monseigneur François-Marie-Anatole DE ROVÉRIÉ DE CABRIÈRES, *Évêque de la sainte Église de Montpellier, Prélat domestique de Sa Sainteté* PIE IX, *Assistant au trône pontifical, Comte romain.*

MONSEIGNEUR,

Quelque indigne que soit ce pauvre opuscule d'être offert à Votre Grandeur, je n'hésite pas cependant, persuadé qu'avec sa bienveillance accoutumée, Votre Grandeur tiendra bien plus compte des intentions de l'auteur que du mérite de l'ouvrage.

Je sais aussi, Monseigneur, que dès qu'il s'agit de restaurer le passé et dans le passé tout ce qui se rapporte à l'Église et à son histoire, on trouve Votre Grandeur prête à la plus courtoise attention comme à la plus noble sollicitude.

Il s'agit ici, Monseigneur, du passé de l'Église, de son histoire, et mieux encore du Diocèse que Votre Grandeur initie de plus en plus à l'esprit de la Rome pontificale et apostolique.

Puisse l'abbé Frotard, dixième abbé de Saint-Pons de Thomières, légat de l'Église romaine sous le saint pape Grégoire VII, trouver auprès de Votre Grandeur, en dépit des imperfections de l'historien, l'accueil qu'il trouva jadis au centre de l'unité catholique auprès de deux pontifes éminents saint Grégoire et Urbain II.

Je suis,

MONSEIGNEUR,

avec le plus profond respect,

de Votre Grandeur,

le prêtre très-humble et très-soumis

BÈNE.

Cuirieu, près La Tour-du-Pin.

Monsieur l'Aumônier,

Je vous félicite d'avoir saintement et laborieusement utilisé les loisirs de la vie pastorale pour retrouver les documents et fixer les souvenirs qui se rattachent à l'un des abbés de l'antique monastère de Saint-Pons. Je vous en félicite d'autant plus que vous avez, par vos études et vos consciencieuses recherches, éclairci un point de l'histoire du glorieux pape saint Grégoire VII. Un Évêque de Montpellier eut, en 1729, le malheur de protester contre le culte solennel, décerné à ce grand homme : je suis bien aise qu'un prêtre de Montpellier contribue aujourd'hui à faire apprécier, comme ils le méritent, et cet illustre Pontife et l'un de ses fidèles auxiliaires.

Je suis, Monsieur l'Aumônier, avec un sincère dévouement,
votre affectionné
et respectueux serviteur en N.-S.,

† Fr.-M. ANATOLE,
Évêque de Montpellier.

---

1. l'abbé Bène, aumônier de l'Hospice.

AU LECTEUR.

Le moyen le plus sûr de raconter honnêtement l'histoire, c'est, en les contrôlant judicieusement et sobrement, de reproduire les sources tout imprégnées de l'éducation, de la civilisation, des préjugés même, des contemporains qui nous les ont transmises.

C'est là la matière première de l'histoire, qu'on n'a pas le droit d'étouffer sous les meilleures thèses pour si actuelles qu'on les suppose.

Je me suis efforcé de conformer mon petit travail à ces principes ; et je ne cache pas que j'avais devant les yeux un admirable modèle : je veux parler de l'*Histoire générale de Languedoc*, de Dom Devic et de Dom Vaissete, deux bénédictins, qui, par la conscience de leur travail et l'immensité de leurs recherches, justifient ce renom d'érudition et d'infatigable labeur qui s'attache à l'ordre de Saint-Benoît. J'avoue qu'après de nombreuses vérifications, je reste frappé de l'exactitude scrupuleuse de leurs extraits comme de la fidélité de leurs analyses. Aussi ai-je suivi presque toujours leur sentiment dans les faits controversés ; venus en effet après les auteurs de la *Gallia christiana* et avant la dispersion de tous les documents si malheureusement dilapidés par l'ignorance révolutionnaire, on reconnaît généralement qu'ils ont contrôlé avec une sagacité de critique admirable tous les travaux qui avaient précédé, en y ajoutant le dépouillement d'un très grand nombre de parchemins que recélaient les grandes bibliothèques de la province.

J'ai tout simplement concentré sur la figure de l'abbé Frotard les faits qui le concernent et qui sont dispersés dans les pages de leur histoire ; obtenant par ce seul rapprochement un peu plus de lumière, un relief plus accusé pour certains faits historiques notoires de notre province de Languedoc à la fin du onzième siècle.

Je ne terminerai pas sans offrir à M. de Bonne, l'éminent archiprêtre de Saint-Pons, l'expression de toute ma gratitude pour le désintéressement et l'exquise urbanité avec lesquels il a mis à ma disposition le plan de l'ancienne abbaye de Saint-Pons. C'est certainement le morceau capital de cette petite publication ; car c'est la première fois, croyons-nous, que ce croquis paraît sous les yeux du public, et le lecteur de la région nous en saura gré.

INTRODUCTION.

Personne n'ignore l'état de l'Europe et de l'Église pendant les dixième et onzième siècles : le morcellement universel du territoire et de la souveraineté ; la mouvance si enchevêtrée des vassalités diverses, comme aussi, au milieu de ce mélange compliqué de législation romaine et de mœurs barbares, les efforts de l'Église pour pénétrer de christianisme les éléments de cette société en formation.

C'est là, d'ailleurs, la tâche permanente de l'Église catholique. Pour l'accomplissement de cette mission, elle a toujours eu, si l'on me permet une expression qui s'applique avec une égale justesse à la bonne organisation de n'importe quelle milice, des cadres déterminés, définitifs, qui remontent aux origines chrétiennes. En effet, sa hiérarchie est une combinaison aussi simple que savante et, pour tout dire en un seul mot, divine. Mais que sont les cadres les mieux composés sans la discipline? Aux siècles dont nous parlons, c'était précisément la discipline qui manquait, ou plutôt, en même temps que la dynastie carlovingienne laissait se dissoudre l'Empire, l'Église, à son grand dommage, voyait s'effondrer de toutes parts la discipline ecclésiastique.

On dit que les faiblesses du pouvoir, d'un côté, et, d'un autre, les entreprises réitérées et victorieuses des malhonnêtes gens, décomposent les peuples et dissolvent pour longtemps les idées de justice et de devoir. Ce fut, jusqu'à un certain point, ce qui arriva du neuvième au onzième siècle, et ce fut aussi l'œuvre capitale de saint Grégoire VII, après avoir montré une fermeté invincible dans l'exercice du pouvoir, de ramener au devoir et à la justice le peuple et le clergé chrétiens qui, en s'éloignant des règles et des puretés de la primitive Église, aventuraient tout l'ordre des vertus surnaturelles et des vertus sociales.

Avec une prudence, une persévérance, une fermeté incomparables, ce grand pontife sacrifia sa vie entière à l'avancement de cette tâche indispensable. Il y réussit, on peut le dire, avec un succès éclatant; non pas, parce que, sur ses instances, nombre de souverains temporels se reconnurent vassaux du Saint-Siège, mais parce que, replacés par ses soins sur la base de la véritable indépendance chrétienne, l'Église et le prêtre furent dignes désormais de la grandeur du sacerdoce et de la divinité de leur mission.

Il nous semble qu'on ne saurait faire une trop grande lumière sur de pareils résultats, et que, si la grande histoire s'attache de préférence aux personnages qui ont jeté le plus d'éclat et qui emportent avec leur destinée le plus grand nombre d'intérêts, du moins il ne doit point être indifférent, quoiqu'il ne s'agisse que des portions les plus humbles et les moins considérables de l'héritage de Pierre, de remettre au jour les destinées des régions qui nous concernent et qui éveillèrent la sollicitude de ce grand pontife.

L'histoire de notre province de Languedoc, comme celle de toutes les provinces chrétiennes de cette époque, nous édifie particulièrement sur la vigilance de saint Grégoire VII. Nous allons essayer d'en retracer un seul fragment, trop peu important, si on le compare, pour avoir une place en vue dans un ouvrage de longue haleine, trop important à l'honneur de notre diocèse pour qu'on le néglige ou le laisse perdre dans le bruit de la grande lutte des investitures.

Nous suivrons, avec le lecteur de bonne volonté, mêlée aux grands vassaux de la province à la fin du onzième siècle, la personnalité de Frotard, abbé de Saint-Pons de Thomières, que saint Grégoire VII adjoignit, comme légat du Saint-Siége pour la Gaule narbonnaise et l'Espagne, à Amat, évêque d'Oléron, et plus tard archevêque de Bordeaux.

Qu'on nous permette, auparavant, quelques réflexions qui naissent dans l'esprit attentif et impartial à la lecture de nombre d'écrits sur le pape saint Grégoire VII. Beaucoup d'écrivains semblent prendre pour thème de leurs éloges l'habileté politique, les projets gigantesques, les vastes conceptions obstinément poursuivis par ce saint pape, c'est-à-dire cela même que d'autres dénoncent passionnément : sans avoir l'air de penser, les uns et les autres, que ce vicaire de Jésus-Christ remplissait fidèlement et simplement sa fonction de vicaire de Jésus-Christ, et que *le reste*, principal objet de leurs louanges ou de leurs récriminations, était advenu à la Papauté par surcroît et par le seul fait d'une Europe féodale et chrétienne.

On oublie trop que le vassal de ces temps-là, tout comme le citoyen du nôtre, portait son hommage à qui pouvait le protéger et le servir, et qu'il se souciait fort peu d'un suzerain incapable de lui faire justice ou de lui porter un secours effectif. Les descendants de Charlemagne en firent la preuve historique pendant deux siècles. S'il parut aux rois d'Aragon ou de Castille, aux comtes de Barcelone comme aux seigneurs de Montpellier, que la suzeraineté du Saint-Siége leur était plus profitable, qui pourrait contester la justesse de leur appréciation et faire un crime au pontife romain de l'efficacité de sa protection?

On peut traiter ces princes de prudents politiques ; mais on ne peut pas plus accuser les pontifes d'ambition, qu'on ne peut accuser la mer de solliciter les fleuves à se réfugier dans son sein.

D'ailleurs, il y avait alors un peuple qui du fond de l'Orient, à travers l'Afrique méditerranéenne, était venu prendre pied en Espagne, en Sicile, et désolait de ses expéditions réitérées les rives de la Narbonnaise et de la Provence, de l'Italie elle-même. Quand je dis un peuple, c'étaient plusieurs peuples, que la croyance musulmane retenait dans une unité redoutable à la sécurité de l'Europe chrétienne. Et sur les lignes de démarcation d'une conquête incessante, le croissant amenait le flot intarissable des guerriers du Prophète. Cela durait depuis quatre siècles : depuis longtemps, depuis Sylvestre II, les pontifes romains comprenaient que pour refouler le flot musulman il fallait organiser le courant chrétien. Ils n'étaient pas seuls à le comprendre; les populations chrétiennes de l'Espagne et de la Sicile le comprenaient aussi, et fatiguées, découragées par ce renouvellement sans fin de nouveaux assaillants, elles imploraient la suzeraineté du Saint-Siége en même temps que le secours de la croisade. Qui, mieux que le vicaire de Jésus-Christ, pouvait diriger vers la frontière chrétienne menacée cette multitude guerrière, plus désireuse de laver ses péchés dans le sang du Juif et du Sarrasin que dans les eaux salutaires d'une longue et laborieuse pénitence ? Aussi la suzeraineté des évêques de Rome peut être regardée comme un immense bienfait; puisque, par l'unique ressort de son pouvoir de délier, la Papauté put conjurer cet immense péril d'une invasion non interrompue depuis quatre siècles et la refouler en définitive du continent européen.

Une des raisons encore qui dénotent en saint Grégoire l'unique préoccupation des fonctions apostoliques, c'est que, méprisant la logique mondaine qui lui eût persuadé de choisir ses légats parmi les hommes d'une haute extraction et de parenté souveraine, comme il y en avait tant alors dans le haut clergé, il s'appliqua, sans faire acception de rang, à faire choix seulement des plus vertueux et des mieux imbus de régularité ecclésiastique. Saint Pierre Damien, saint Hugues de Cluny furent de ce nombre. Hugues, évêque de Die, dont le souverain pontife tempérait, dans sa correspondance, le zèle et l'inflexible sévérité, était un simple économe ou chambrier dans un couvent de Lyon.

Allant à Rome en pèlerinage, et passant à Die, il entra, par hasard, dans la cathédrale où il fut reconnu et élu d'une commune voix pour remplacer l'évêque simoniaque Lancelin. A Rome, le pape saint Grégoire le promut aux divers ordres de cléricature, et peu de temps après lui confia la légation de France en le renvoyant à son siége.

Et Frotard, en vue de qui nous entreprenons ce récit, qu'était-il ? Un simple moine, abbé d'un monastère dont la régularité fut pour le génie perspicace de saint Grégoire l'indice certain de l'aptitude de notre abbé à une fonction de gouvernement beaucoup plus haute. — *Quia super pauca fuisti fidelis super multa te constituam.*

Mais ce qui nous frappe, quand nous étudions l'action chrétienne sur l'Europe féodale, c'est de voir, bien avant la fameuse convention de Genève, la Trêve de Dieu décrétant le respect et la protection du blessé, du pauvre, du faible, de l'artisan, du produit même de la terre ; c'est de voir, sous l'impulsion du vicaire de Jésus-Christ, un siècle passionné de vertu et de perfection, au point de nous montrer, dans un seul concile des Gaules tenu à Lyon par le moine Hildebrand, quarante-cinq prélats [1] avouer publiquement leurs fautes et se démettre volontairement de leurs siéges, de leur charge, de leurs bénéfices, c'est-à-dire de tout ce qui leur donnait

---

[1] « En 1055, Hildebrand, légat en France, travaille dans » un concile de Lyon à l'extirpation de la simonie. Une » sixaine de prélats venaient d'être déposés, quand qua- » rante-cinq autres reconnurent leur crime et quittèrent » d'eux-mêmes la chaire épiscopale. » (*Défense de l'Église* de l'abbé Gorini, T. III, ch. XVIII, art. 15.)

la fortune et l'autorité ; c'est de voir, pendant ces siècles si déshérités, à côté de tant de faiblesses humaines tant de foi profonde, à côté de tant d'injustices abominables tant de réparations éclatantes ; c'est de voir, au suprême degré et dans tous les rangs, au milieu des défaillances communes à tous les siècles, un souci profond de l'âme et de ses destinées éternelles, comme peut-être n'en a jamais vu aucun siècle.

Jamais on ne vit tant d'assemblées et de conciles : dans une période de douze ans, le seul pape Grégoire en assembla plus de trente-six, auxquels assistèrent les Hugues de Cluny, les Pierre Damien, les Lanfranc, les Anselme, et tout ce que l'Europe chrétienne comptait de prélats éminents par la science et la sainteté.

Jamais la liberté ne rencontra un champ plus vaste pour la discussion et jamais la discussion ne rencontra plus de liberté ; l'histoire de Bérenger et de son hérésie en est une preuve irrécusable. Oui, le onzième siècle fut un siècle de vie véritable ; quelque personnage qu'on y étudie, on sent au fond de ses moindres actes le sentiment le plus vif de la responsabilité, et surtout la persuasion intime et souvent efficace de la nécessité des réparations. Lutte visible du bien et du mal, où le mal qui précède est presque toujours suivi du bien qui répare.

C'est à l'action du moine Hildebrand dans les conseils de la Papauté et à l'énergique persévérance, dans l'application des principes, de celui qui devint Grégoire VII, que le monde doit de pareils résultats.

On ne l'a pas appelé Grégoire le Grand parce que la papauté, riche en grands hommes, compte dans ses fastes un autre saint Grégoire, que l'histoire appelait déjà saint Grégoire le Grand du temps de Grégoire VII ; nonobstant, ce pape fut un homme des plus extraordinaires, au point de vue du génie humain, avec ce contrepoids que la sainteté ajoute aux facultés sublimes de l'esprit : je veux dire l'ordre, la règle, la sagesse, la piété et la mansuétude chrétiennes au sein de la plus inflexible fermeté.

Napoléon Ier disait : Si je n'étais Napoléon, je voudrais être Grégoire VII. Le grand homme se flattait; car si la saine gloire n'est due qu'aux œuvres durables et bienfaitrices, à l'ordre rétabli, au désordre déraciné, aux mœurs redressées, à l'accroissement de la moralité et de la sainteté universelles, — sans amoindrir les mérites du premier général des temps modernes, — nous voyons aujourd'hui, par les conséquences de son action, qu'il ne fit qu'une œuvre purement matérielle et extérieure ; et que s'il maîtrisa personnellement certaines âmes qu'enivrent l'ardeur de la lutte et l'entrain de la guerre, il voila la mauvaise conscience de la France sous l'éclat de son renom militaire, ce qui a permis à cette pauvre France de se faire longtemps illusion sur la profondeur et le venin de ses blessures.

Autrement difficile et efficace fut l'œuvre de saint Grégoire VII. Il sortit de son siècle pour n'être que l'homme de Celui qui préside à tous les siècles. Il trouva l'Europe divisée, morcelée, pulvérisée et accélérant encore par les partages de famille la décomposition de toute autorité forte et prépondérante.

Dans le courant de plusieurs siècles, un individu, un seul, avait paru, essayant de relier dans l'unité les populations éparses et sans guides de l'Europe du huitième siècle : l'Église s'était empressée de recueillir Charlemagne, revêtant de dignité et sacrant de ses propres mains cet ouvrier de civilisation. Et voilà que, en présence de saint Grégoire VII, déchue et amoindrie, cette dignité impériale, oubliant son œuvre et l'esprit de sa mission, n'avait plus qu'un objectif, une idée fixe en oubliant tout le reste : étreindre de sa main brutale ce ressort divin, cette force admirable et divine qu'on nomme l'autorité morale et religieuse; opposer à la liberté des décisions prises par les chefs de l'Église avec sagesse, avec intelligence, avec conscience, l'entêtement proverbial de la race Teutone, les ruses intéressées d'une politique sans scrupules ; en un mot, créer une Chine européenne.

Qui ne rendrait graces à saint Grégoire VII de nous avoir sauvés de ces prétentions odieuses ! Certes, ce n'était pas comme en France dix ans de folie à guérir quand on est contenu par les vieilles formes monarchiques de l'Europe entière. C'était un marasme de plusieurs siècles qu'il fallait secouer et vaincre ; une multitude de coutumes abominables qu'il fallait faire tomber en désuétude par l'infini de la persuasion, quand on désespérait de les abolir de haute lutte. — C'étaient, dans la famille, les divorces sans cesse renouvelés sous le plus futile prétexte. C'étaient, en l'absence de toute autorité répressive, les guerres particulières, les injures alternativement vengées sans fin et sans mesure, l'envahissement sans cesse renouvelé des biens d'église et des dignités ecclésiastiques ; quand on ne reprenait pas, par ruse ou par les armes, ce que la veille ou naguère on avait donné, voire vendu à beaux deniers comptant.

Aussi, lorsque le chercheur de bonne foi a scruté ces siècles qui n'ont pas d'histoire parce qu'au milieu du morcellement universel chaque val et chaque mont a une histoire, qui n'ont de moralité que ce qu'une pénétration séculaire du christianisme a pu en déposer dans les mœurs inconscientes, il acclame ce pape Grégoire dont l'influence civilisatrice introduisit l'ordre, la règle, le respect, la sécurité au milieu de la fournaise des convoitises sans frein depuis deux siècles ; il acclame cette existence austère, uniquement vécue au service du droit et du devoir, et dont chaque détail nouveau, chaque nouvel aspect souligne scrupuleusement la doctrine et l'exemple de Notre Seigneur Jésus-Christ.

L'ABBÉ FROTARD

DIXIÈME ABBÉ DE SAINT-PONS DE THOMIÈRES

CHAPITRE Ier.

Abbaye de Saint-Pons de Thomières. — Frotard dixième abbé de Saint-Pons. — Conjectures sur sa famille. — Ses rapports avec les grands vassaux de la province. — Actes divers dans lesquels il est témoin. — Il assiste au concile de Toulouse de l'an 1068 et au concile de Gironc de la même année. — Union de l'abbaye de Saint-Martin de Lez à celle de Saint-Pons de Thomières. — Charte de Bernard comte de Besalu à ce sujet. — Donations de Roger II comte de Foix en faveur de l'abbaye de Saint-Pons et de son abbé Frotard.

Le Jaur est un cours d'eau qui, de Saint-Pons-de-Thomières, à travers les sinuosités du vallon d'Olargues, vient se jeter dans la rivière d'Orb, au pied du mont Caroux, à la hauteur de Tarassac. Par la bouche d'une grotte profonde il s'échappe tout formé du flanc de la montagne, au cœur même de la petite ville de Saint-Pons. C'est auprès de cette source admirable d'abondance et de limpidité, que l'an 936, Raymond, comte de Toulouse, primarquis et duc d'Aquitaine, fonda l'abbaye de Saint-Pons de Thomières.

Le lieu où furent jetés les premiers fondements du monastère s'appelait déjà Thomières (1), et lorsque, de l'abbaye de Cimiès près de Nice, on eut apporté les reliques du martyr Pons, l'endroit prit le nom qu'il garde encore aujourd'hui : Saint-Pons de Thomières.

Depuis 936, l'année de sa fondation, jusqu'en l'an 1061, l'abbaye de Saint-Pons compte neuf abbés. Dans ce nombre, la plupart ont brillé davantage par les vertus du cloître que par l'action extérieure ; aussi retrouvons-nous notre monastère dans une réputation acquise de régularité parfaite, pendant la seconde moitié du onzième siècle. Le dixième abbé, qui eut nom Frotard, devait gouverner cette abbaye pendant quarante ans et imprimer à sa prospérité un élan extraordinaire. Les hommes ne sont rien, ce sont leurs vertus, c'est la sainteté surtout qui attire sur une maison les bénédictions célestes. A l'odeur

(1) Thomières ou Tomières avait une certaine importance au xe siècle, puisque, parmi les dons faits à la nouvelle abbaye, nous allons trouver deux églises y existant déjà, Saint-Martin de Jaur et Sainte-Eulalie de Tomières ainsi que la chapelle de Saint-Martin de Cussac dépendant des deux premières églises.

de ce parfum du ciel, les générations accourent, pleines de générosité et d'amour, édifiées, déjà refaites par le seul spectacle d'une âme engagée dans les voies de la perfection. — Et c'est ce que la tradition nous apprend à l'envi sur l'abbé Frotard.

C'est par les lettres de Grégoire VII et par celles d'Urbain II que nous pouvons dire qu'il fut d'une foi et d'une pureté de mœurs éprouvées ; comme aussi, que de son temps, il jouissait d'une grande réputation de sainteté. Nous savons qu'il était déjà à la tête de l'abbaye de Saint-Pons le 3 janvier 1061. Si l'on nous demande quels furent son pays ou sa famille, nous ne savons rien de certain ; mais si l'on veut une conjecture, nous dirons que ce nom de Frotard est souvent porté par les membres des diverses branches de la maison d'Albi. Tous les Frotaire ou Frotard que l'on trouve dans l'histoire du onzième siècle sont issus des vicomtes d'Albi, de Lautrec ou de Saint-Antonin, qui, d'après le sentiment de certains, ont une souche commune.

Nous savons aussi que, lorsqu'un religieux était promu à la dignité abbatiale, c'était parmi ses parents qu'il trouvait d'abord des bienfaiteurs pour son abbaye. Ainsi, par exemple, Pons de Melgueil, ancien moine de Saint-Pons sous l'abbé Frotard, ayant été élu abbé de Cluny par le décès de saint Hugues, reçut, à l'occasion de son élection, des donations de divers membres de sa famille. Sa tante Judith de Melgueil, comtesse douairière d'Auvergne, lui donna une somme d'argent dont il dut acheter une vigne pour avoir de bon vin pour le Saint-Sacrifice.

Hugues de Lusignan, son cousin germain, et Amelius, évêque de Toulouse, beau-frère de sa sœur Adèle, lui firent aussi des libéralités. Quant à notre Frotard, nous savons qu'il était abbé de Saint-Pons le 3 janvier 1061, parce qu'à cette date nous trouvons une donation (1) qui fut faite à l'abbaye de Saint-Pons en son nom personnel. « Au nom du Seigneur, moi, » Raingardis (2), comtesse, et mon gendre » Raymond, et son épouse ma fille Ermengarde » et sa sœur Adalaïs, nous donnons tous ensemble

(1) Aux Pièces justificatives, N° VIII.
(2) Raingardis ou Rangarde de la Marche était veuve de Pierre Raymond, comte en partie de Carcassonne et de Rasez, vicomte de Béziers et d'Agde. Elle était sœur d'Almodis de la Marche, comtesse de Toulouse, puis de Barcelone. Adalaïs, fille de Rangarde, avait épousé le comte de Cerdagne.

» à Dieu, à Saint-Pons du monastère de Tho-
» mières, à l'abbé Frotard, et aux moines tant
» présents que futurs qui y servent Dieu,
» l'alleu qu'on appelle Tonneus. Cet alleu est
» situé au pays de Béziers, sur le fleuve d'Orb,
» tout près de Villeneuve. Cette donation a été
» faite le 3 janvier 1061, sous le règne de
» Philippe, en présence d'hommes recomman-
» dables, c'est-à-dire en présence du seigneur
» Frotaire, évêque de Nimes, et de Dom
» Guillaume, abbé de Caunes. »

Si c'est un don de joyeux avènement pour son élection, ainsi que cela semble ressortir du texte même où l'on n'invoque pas même la réciprocité de la prière en échange de l'alleu de Tonneus, il faut conclure que Frotard est bien réellement de la maison des vicomtes d'Albi, car le seul homme qui soit mentionné parmi les donateurs c'est Raymond Bernard, vicomte d'Albi et de Nimes, qui avait épousé Ermengarde, vicomtesse de Béziers; et sur deux témoins, nous trouvons Frotaire, évêque de Nimes, qui était aussi de la maison d'Albi; et notre conjecture, tout en restant une simple conjecture, se corrobore d'un semblant de convenance.

Nous pouvons urger cette convenance en

disant que, même avant sa légation, l'abbé Frotard se trouva mêlé avec honneur aux transactions les plus importantes qui eurent lieu dans la province entre les premiers du pays, et que, si ce n'est pas une raison pour qu'il appartînt aux maisons d'Albi ou de Lautrec, c'est du moins une présomption très-forte qu'il était de puissante extraction.

Citons-en quelques preuves : par exemple, en l'année 1066, Raymond de Saint-Gilles, simple cadet de Toulouse, vient de succéder, à défaut d'héritier mâle, à Berthe, sa cousine, comtesse de Rouergue; et l'un des premiers usages de sa nouvelle fortune, c'est d'unir l'abbaye de Saint-Gilles à celle de Cluny (1). « Almodis, comtesse par la grâce de Dieu, et » Raymond son fils, très-noble comte de Rouer- » gue, de Nimes et de Narbonne, pour le sou- » lagement de l'âme du comte Pons, donnent » l'abbaye de Saint-Gilles à Hugues, abbé de » Cluny, et à ses successeurs. »

Almodis et son fils Raymond de Saint-Gilles se réservent en même temps les usages et les coutumes qu'ils avaient sur le domaine de cette abbaye, et déclarent que c'est un alleu de Saint-

(1) Pièces justificatives, N° IX.

Pierre qu'ils tenaient de la libéralité du pape de Rome, et qu'ils la donnent à l'abbé Hugues, sauf la fidélité à l'Église romaine et au pape, et à condition de payer au Saint-Siège un cens annuel de dix sols. L'acte fut passé dans l'église de Saint-Bauzile près de Nimes, en présence de l'archevêque d'Arles, d'un grand nombre d'autres évêques, de l'abbé de Saint-Victor de Marseille, qui était des vicomtes de Milhau et Lodève, de Frotard notre abbé, d'Adèle comtessse de Substantion, qui y donna consentement, et d'autres seigneurs, notamment de Guillaume et d'Emenon de Sabran, de Bertrand de Cabrières et de Pierre son frère.

Voici encore une transaction très-importante, passée, en présence de l'abbé Frotard, entre Guillaume IV, comte de Toulouse, et Raymond Bérenger Ier, comte de Barcelone, qui avait épousé, lui troisième, la mère de Guillaume IV, Almodis de la Marche (1).

(1) Almodis de la Marche, sœur de Raingarde, nous montre à quel point la société du xie siècle avait poussé l'abus des répudiations. Elle se maria trois fois et elle eut à la fois ses trois maris vivants. Le premier en date, qui ne mourut que l'an 1060, tué au siége du château de Luzignan, fut Hugues le Pieux, seigneur de Luzignan, dont elle eut un fils nommé aussi Hugues, qui s'illustra à

Nous ne devons pas craindre d'entrer dans quelques détails, car ils sont nécessaires pour l'intelligence et l'unité de cette histoire.

Almodis de la Marche, voyant que le comte de Barcelone, son mari, avait d'un premier lit un fils qui lui succèderait au détriment des siens, persuada à Raymond Bérenger 1er d'acquérir les comtés de Carcassonne et de Rasez (1), pour les donner en apanage aux derniers nés. C'est pour cela qu'en 1067, et puis en janvier 1070, le comte de Barcelone avait acheté de Raymond-Bernard dit Trencavel, vicomte d'Albi et de Nimes, ainsi que de sa femme Ermengarde, pour le prix de deux mille onces d'or cuit de Barcelone, « tous les droits qu'eux et leurs » vassaux pouvaient prétendre sur le comté de

la première croisade. Renvoyée par Hugues sous prétexte de parenté, elle épousa, vers 1043, Pons, comte de Toulouse, dont elle eut Guillaume IV, qui succéda à son père dans le comté de Toulouse, Raymond de Saint-Gilles, et une fille, appelée comme elle Almodis, et qui épousa Pierre, comte de Substantion et de Melgueil. Vers 1053, répudiée une seconde fois, elle épousait, incontinent, Raymond Bérenger 1er, comte de Barcelone, et lui donnait deux enfants, qui succédèrent à leur père sous la protection de saint Grégoire VII.

(1) Raymond-Bérenger 1er descendait des comtes de Carcassonne par sa grand'-mère Ermessinde de Carcassonne.

» Rasez, le Conserans, le Comminges, le Car-
» cassez, le Narbonnais et le Toulousain, etc., à
» l'exception néanmoins des abbayes de Caunes
» et de Montolieu, que les vendeurs se réser-
» vèrent pour les tenir en fief du comte et de la
» comtesse de Barcelone et de leur fils. »

La comtesse Raingarde (1), sœur d'Almodis, et la comtesse Adalaïs de Cerdagne sa fille, souscrivirent à l'acte et vendirent aussi leurs droits par chartes du 2 juillet suivant et 22 avril de l'année d'après.

Nous n'avons point à examiner jusqu'à quel point les femmes avaient le droit de vendre les comtés de Carcassonne et de Rasez, expressément réservés aux héritiers mâles. — Mais, en se substituant à leurs droits à prix d'argent, le comte de Barcelone devenait vassal immédiat des comtes de Toulouse, pour quelques terres enclavées dans le Toulousain. Aussi, de suite après la vente, le comte de Toulouse réclama l'hommage et le serment de fidélité pour le pays de Lauraguais compris dans cette acquisition.

(1) La comtesse Raingarde vendit aussi aux comtes de Barcelone les sept châteaux de son douaire, parmi lesquels on énumère ceux de Peyriac-Minervois et de Ventajou (aujourd'hui Félines-Hautpoul).

Le comte de Barcelone et son fils Raymond élevèrent d'abord quelque difficulté, mais l'accord se fit enfin aux conditions suivantes : 1° Guillaume IV, comte de Toulouse, cède à Raymond Bérenger et à son fils, à leur postérité et à celui qui aurait le comté de Carcassonne, tout ce qu'il possédait de son chef ou qu'il avait acquis au château de Laurac ou dans ses dépendances, pour la somme de dix mille mancuses (1) de Barcelone; 2° le comte de Barcelone s'engage, pour lui et ses descendants, à tenir en fief des comtes de Toulouse le château de Laurac et ses dépendances. L'acte fut passé à Carcassonne, le 7 septembre 1074, en présence de Raymond de Saint-Gilles comte de Rouergue, de Roger comte de Foix, de divers seigneurs, et de Frotard abbé de Saint-Pons de Thomières.

Mais, dans un autre ordre d'idées, ce qui peut nous aider le plus efficacement à porter un jugement sur la valeur de l'abbé Frotard, c'est une charte qui nous reste, rédigée très-certainement sous son inspiration, et qui donne, à l'analyse, le véritable programme de l'action des pontifes

---

(1) La mancuse de Barcelone était une monnaie d'or dont les sept pesaient une once.

romains relativement à l'indépendance de l'élément religieux.

C'est très-certainement par les conciles, où présidaient invariablement les envoyés de l'Église romaine, que les idées d'indépendance et de liberté de l'Église prévalurent et devinrent la revendication la plus légitime et la plus ardemment réclamée par tous ceux qui avaient souci de l'avenir du catholicisme. Aussi, nous devons nécessairement trouver notre Frotard dans ces assemblées ; en effet, à la date de 1068, au concile de Toulouse, présidé par le cardinal Hugues-le-Blanc, à part onze évêques, on y compta saint Hugues abbé de Cluny, Frotard abbé de Saint-Pons de Thomières, Adhémar abbé de Saint-Martial de Limoges. On traita dans ce concile de l'extirpation de la simonie, et les légats romains développèrent les vues du Saint-Siège, conformes de tout point à l'ancienne discipline, et qu'on est convenu d'appeler le programme de réforme de saint Grégoire VII.

Cette même année, l'abbé de Saint-Pons avait suivi le légat à Girone, où ce même cardinal, par l'autorité d'Alexandre II, tint un concile qui confirma la trêve de Dieu, sous peine d'excommunication envers les contrevenants ; en même temps, les pères de ce concile renouvelèrent contre les simoniaques les mêmes anathèmes qui retentissaient, par ordre du pontife romain, partout où se tenait la moindre assemblée.

Dans les environs de Girone, vivait alors Bernard comte de Besalu. C'était un de ces hommes comme on en voit trop peu, qui conformait la pratique de sa vie à ses convictions, c'est-à-dire aux sentiments chrétiens les plus élevés et les plus purs, et à l'intelligence complète de la religion. Selon l'usage de la province, dont il était un des princes, il s'était rencontré à l'assemblée de Girone ; il avait écouté cet appel incessant de la Papauté pour amener à résipiscence les laïques usurpateurs et les clercs simoniaques, et mettant sans retard la main à l'œuvre, il résolut d'introduire la réforme dans ses états.

Le monastère de Saint-Martin de Lez entre autres avait subi une décadence des plus rapides. Il y avait à peine vingt-trois ans, qu'au milieu d'un grand concours de population, on avait consacré son église (1). Là, on avait vu Oliba évêque d'Ausone, Bernard évêque de Béziers, Pierre évêque de Girone, Arnaud évêque de

(1) *Voir* l'acte de consécration, Pièces justificatives, N° VI.

Toulouse, Guillaume évêque d'Urgel, Bérenger évêque d'Elne, et d'autres encore, assistant l'évêque de Carcassonne, que le métropolitain de la province avait délégué pour cette consécration. Et, aujourd'hui, par le fait des simoniaques, par les usurpations laïques, par l'abandon de la règle de la part des moines découragés, sur les bords du fleuve d'Aude, dans la vallée de Lez (Lenis), que l'antiquité appelait Bollecarne, le monastère de Saint-Martin était un véritable désert. Pourtant, si monastère avait été enrichi de reliques précieuses, c'était bien celui-là, qui renfermait celles de saint Just et de saint Lazare, ainsi qu'une quantité vraiment notable des vêtements mêmes de Marie toujours vierge.

Le comte de Besalu résolut de mettre un terme à cette lamentable ruine, et il offrit à l'abbé de Saint-Pons de Thomières de se charger de l'abbaye, en y introduisant la réforme de son monastère.

Voici quelques extraits de la charte d'union (1), union qui suivit de près, un an environ, le concile de Girone de 1068 :

(1) *Voir* cette charte, Pièces justificatives, N° XI.

« Puisque, par la permission de Dieu, nous
» voyons l'hérésie simoniaque chassée de notre
» patrie, aiguillonnée dans sa fuite par les saints
» décrets ; puisque nous voyons, en nombre
» d'endroits, l'Église de Jésus-Christ se réjouir
» de la restauration de la religion, il est juste
» que, nous aussi, à notre tour, nous de-
» venions les auxiliaires de Dieu et que nous
» courions sus à ses ennemis avec confiance,
» courage et persévérance, jusqu'à ce que
» la sainte Église se réjouisse autant de nos
» labeurs, pour l'accroissement de la religion,
» que nous nous réjouissons du salaire divin qui
» sera notre récompense. Aussi, moi, Bernard
» comte de Besalu, voyant au territoire de
» Fenouillèdes, au lieu de Lenis, sur le fleuve
» d'Aude, un monastère consacré à saint Martin,
» tantôt la proie des simoniaques, tantôt celle
» des usurpateurs laïques, privé de toute sainte
» règle, réduit à presque rien et de toutes façons
» solitaire et transformé en désert, j'ai le pieux
» désir de le restaurer... C'est pourquoi,.. pour
» que Dieu nous recueille dans sa piété et dans
» le sein agrandi de sa miséricorde, je donne à
» Dieu tout-puissant, au monastère de Thomières,
» en mains et pouvoir de l'abbé Dom Frotard,

» et de ses successeurs, le susdit monastère
» de Saint-Martin, pour être en propre, libre
» et franc alleu, au pouvoir et à la possession
» de l'abbaye de Saint-Pons et sous la domi-
» nation de l'abbé Frotard et de ses succes-
» seurs, pour qu'il soit au service de Dieu, sous
» l'ordre et la règle de saint Benoît ; pour que
» personne n'y soit jamais élu et constitué, si ce
» n'est par l'abbé de Saint-Pons, et que, moi mort,
» ni comte, ni abbé, ni personne n'ait pouvoir
» ou domination sur ledit monastère de Saint-
» Martin et ses dépendances. Que personne n'ait
» non plus juridiction sur les adultères, les
» homicides ou autres délits criminels ; si ce
» n'est l'abbé de Thomières, ainsi que ceux qui,
» par sa volonté et son ordination, seront mis à
» la tête du monastère de Saint-Martin, etc.
» Le 8 des calendes de février, l'an 1070 de la
» Nativité, la 10ᵉ du règne du roi Philippe. »

Comme on le voit, la donation vise évidemment les décrets du concile de Girone contre les simoniaques et les usurpateurs laïques. Il laisse la nomination de l'abbé de Saint-Martin à l'abbé de Saint-Pons tout seul, à l'exclusion de toute autre élection faite sous l'influence et par la protection laïques. Il donne le monastère, non-seulement avec ses dépendances territoriales, mais encore les justices haute et basse, en propre, libre et franc alleu, ce qui exclut l'immixtion de toute puissance étrangère au monastère, et assure aux moines l'indépendance la plus haute. C'est de la réforme et de la plus radicale; ce qui nous prouve, contre l'assertion de plusieurs, que lorsque Grégoire VII monta sur le trône pontifical, l'œuvre du moine Hildebrand était en bonne voie de réalisation.

Bernard de Besalu ne s'arrêta pas à ce seul acte de réparation ; nous le retrouverons bientôt chrétien de plus en plus énergique, prêtant main-forte aux décisions d'un autre concile, assemblé cette fois par ordre de saint Grégoire VII, et où notre abbé Frotard, associé à Amat, évêque d'Oléron, présidait en qualité de légat. Mais avant d'entreprendre le récit de la légation, il nous faut mentionner rapidement quelques donations que l'abbaye de Saint-Pons reçut en la personne de l'abbé Frotard.

Parmi les chartes qui nous restent, toutes ne sont pas des donations directes ; plusieurs sont simplement des déclarations de protection de la part du suzerain, et nous font connaître que l'autorité des comtes ou des marquis de la région, quoique soumise à titre de vassalité à celle des rois de France, était cependant, malgré cette suzeraineté, une puissance indépendante, incontestable et incontestée.

Voici, par exemple, l'extrait d'une charte de ce genre (1):

« Au nom de la sainte et indivisible Trinité,
» Père, Fils et Saint-Esprit: moi, Roger,
» comte de Foix, et ma mère Letgardis, nous
» donnons à Dieu, à Marie sa sainte mère, au
» saint martyr Pons, du monastère de Thomières,
» à l'abbé Frotard, à ses successeurs, et à tous
» ses moines présents et futurs, tout ce que
» l'abbé et les moines de ce monastère ont acquis
» dans les évêchés, comtés et terres de notre
» domination, soit par achat, soit par aumône,
» quand même ce seraient des fiefs donnés par
» nous à d'autres personnes, etc. »

Cette charte est de 1074, et nous avons de Roger, comte de Foix, en faveur de l'abbaye de Saint-Pons de Thomières et de son abbé Frotard, une autre donation, qui est datée de 1075 et signée de Bernard, évêque de Carcassonne, d'Isarn, évêque de Toulouse, de Raymond,

---

(1) Pièces justificatives, N° XII.

comte de Rouergue, et de Guillaume, son frère, comte de Toulouse. Cette charte, que nous insérons aux pièces justificatives (1), commence ainsi : « Au nom du Père, du Fils et du Saint-
» Esprit : moi, Roger, comte, et mon épouse la
» comtesse Sicarde, désirant obtenir la rémission
» des péchés et la vie éternelle, nous donnons
» à Dieu et à sa sainte Mère, et au monastère
» de Saint-Pons et à Dom Frotard, et aux moines
» de ce monastère, notre alleu, que nous tenons
» de nos parents, situé dans le pays de Foix, le
» ministériat de Podaguez et la paroisse d'Es-
» cousse, savoir : l'église paroissiale de Saint-
» Pierre, Saint-Jean et Saint-Saturnin, où repose
» le bienheureux Asnérius, église qui, dit-on,
» fut autrefois abbatiale, d'où elle garde encore
» aujourd'hui sa dénomination d'abbaye, parce
» qu'on y découvre des corps de défunts revêtus
» de cuculles.... »

La *France pontificale* de M. Fisquet mentionne encore, à la date du 25 janvier 1092, la quatrième année du règne de Philippe Ier, une cession faite au monastère de Saint-Pons et à notre abbé par Bernard de Raymond. Ce Ber-

(1) N° XII.

nard de Raymond nous paraît être Bernard Pelet, fils de Raymond, l'aîné des enfants de Béranger vicomte de Narbonne. Il céda à l'abbé Frotard son alleu de Saint-Julien de Vinassan près de Narbonne, le château (1) de Montmirat près de Saint-Mamert au diocèse de Nimes, et d'autres biens énumérés dans l'acte de cession.

Enfin, si nous mentionnons un alleu situé au lieu de la Cour, au comté de Narbonne, qu'un certain Aucher et sa femme Étiennette abandonnèrent à l'abbé Frotard, nous aurons dit tout ce que nous savons touchant cet abbé, jusqu'au moment où le souverain-pontife l'adjoignit à la légation d'Amat évêque d'Oléron.

Il ne sera pas inutile, nous pensons, en commençant le chapitre suivant, d'établir l'état politique de la province et d'énumérer les principaux personnages qui y jouissaient de la plus grande influence et de la principale autorité.

(1) La dénomination de *château*, dans les auteurs du moyen-âge, s'applique indifféremment à certaines agglomérations urbaines ou a des constructions féodales et défensives.

CHAPITRE II.

État politique de la province. — Simonie de Guifred, archevêque de Narbonne. — Frotard, abbé de Saint-Pons, adjoint au légat Amat évêque d'Oléron, pour la Gaule Narbonnaise et l'Espagne.

La province de Languedoc presque tout entière, à part la suzeraineté, à peu près nominale, des rois de France, reconnaissait comme suzerains immédiats Guillaume IV, comte de Toulouse, et son frère Raymond, dit de Saint-Gilles, comte de Rouergue, de Narbonne et de Provence. Les autres comtes de la province, vassaux des comtes de Toulouse et de Rouergue, étaient : 1° Raymond Bérenger et Bérenger Raymond, comtes de Barcelone, qui, par une série d'accords passés de l'année 1067 à l'an 1071, possédaient en Languedoc les comtés de Carcassonne, de Rasez ou Razès (1) et de

(1) Le comté de Rasez était borné par le comté de Narbonne au levant, ceux de Roussillon, de Conflant et de

Lauraguais; par leur mère Almodis de la Marche, ils étaient frères de Guillaume IV et de Raymond de Saint-Gilles; 2° Bernard, comte de Besalu et de Fenouillèdes ; 3° le comte de Cerdagne ; 4° le comte de Substantion et de Melgueil, Pierre, qui avait épousé une sœur des comtes de Toulouse, nommée Almodis comme sa mère ; 5° le comte de Foix, Roger II ; 6° les comtes de Velay et ceux de Comminges, dont les possessions n'étaient qu'en partie comprises dans le Languedoc.

Il y avait plusieurs vicomtes, parmi lesquels Bernard Aton possédait le domaine le plus étendu ; il était, en effet, à la fois vicomte d'Albi, de Nimes, de Béziers, d'Agde, de Carcassonne et de Rasez, sous la tutelle et l'administration de sa mère Ermengarde. Bérenger, vicomte de Milhau et de Carlat, jouissait des vicomtés de Gévaudan et de Lodève, Venaient ensuite les vicomtes de Toulouse, ceux de Narbonne, de Polignac, de Lautrec, de Fenouillèdes, de Minerve, etc.

Parmi les simples seigneurs étaient ceux de Montpellier, Uzès, Anduze, Sauve, Lille-Jour-

Cerdagne au midi, celui de Toulouse au couchant, celui de Carcassonne au nord.

dain, Pierre-Pertuse, Termes, etc. Enfin, il faut ajouter à cette nomenclature l'archevêque de Narbonne Guifred, et les divers évêques et abbés de la province.

Comme tout le reste de la chrétienté, le Languedoc était en proie à la simonie la plus éhontée. Deux églises surtout, celle du Puy et celle de Narbonne, avaient à leur tête des évêques qui, appartenant aux familles puissantes du pays, bravaient les foudres apostoliques et se maintenaient, malgré les conciles et les légats. Étienne de Polignac, qui avait quitté son église de Clermont pour s'introniser de lui-même sur le siège du Puy, ne put pas se maintenir longtemps contre la vigueur du légat et la fermeté de saint Grégoire VII. Mais le prélat qui avait épuisé la patience et la sage longanimité de l'Église romaine, c'était Guifred de Cerdagne, archevêque de Narbonne. Excommunié, mais sans résultat, par plusieurs souverains-pontifes, il avait mis à rançon tous les évêques de sa province en les ordonnant; cantonné dans son archevêché depuis plus de soixante ans, il avait, *per fas et nefas,* tenu tête à ses rivaux de puissance séculière, je veux dire les vicomtes de Narbonne, et les avait réduits, grâce à ses alliances avec

Pierre Raymond, comte de Carcassonne, vicomte de Béziers et Agde, avec la comtesse d'Urgel, et tout récemment enfin avec Raymond de Saint-Gilles.

Il parut à saint Grégoire VII que, dans l'intérêt des droits pontificaux et pour rétablir la discipline ecclésiastique dans ces contrées, il lui fallait veiller, avec un soin jaloux, au choix des légats. Hugues de Dic, légat de France, avait les facultés militantes et une souveraine énergie; mais ces qualités devenaient inutiles près de Guifred, du moment qu'on n'avait sous la main aucun moyen d'appuyer les résolutions vigoureuses. Aussi, dans sa profonde sagesse, le souverain-pontife chercha dans la province, pour l'adjoindre à Amat évêque d'Oléron, qui était déjà légat pour la Gascogne, le Languedoc et l'Espagne, un homme qui fût connu de tous, et qui, par le seul ascendant de sa réputation et de ses vertus, pût apporter dans cette délicate mission la plus discrète prudence et l'influence personnelle la mieux établie. Le choix du Saint-Père tomba sur Frotard, abbé de Saint-Pons de Thomières, qui, du reste, justifia de tous points les espérances du souverain-pontife. Dans une lettre adressée aux Espagnols et datée de Carpineto, le 4 des calendes de juillet, indiction xve, le pape saint Grégoire l'appelle un homme vénérable, d'une foi et d'une pureté de mœurs éprouvées. On rapporte la nomination de l'abbé Frotard au 18 juin 1077, et, dans ses *Annales ecclésiastiques*, Baronius affirme qu'il rendit de grands services à l'Église.

On comprendra mieux de quelle nature furent ces services, lorsque nous aurons exposé, par l'histoire de l'archevêque, l'urgence de remédier à la simonie qui dévorait la province de Narbonne.

L'archevêché de Narbonne était un des plus considérables de l'univers chrétien : on en a détaché successivement ceux de Tarragone et de Toulouse, et ainsi mutilé, il présentait encore, avant notre grande révolution, une magnifique province.

Celui qui l'occupait alors, Guifred ou Wifred, fils de Guifred comte de Cerdagne, était d'une famille illustre, tant dans la Marche d'Espagne que dans la Gothie (1), et pour le prouver d'un seul mot, il était de la race de Charlemagne.

(1) La Marche d'Espagne n'est autre que la Catalogne actuelle, comme la Gothie est, à peu de différence près, notre Languedoc.

Le grand-père de l'archevêque, Oliba Cabreta, fils et petit-fils des comtes de Barcelone, possédait un grand domaine de l'un et de l'autre côté des Pyrénées : comte de Besalu, de Berga et de Cerdagne au-delà des Pyrénées, il laissa à ses descendants, en deçà de ces montagnes, les comtés de Fenouillèdes, de Conflant, de Valespir, les pays de Sault et de Pierre-Pertuse, le Capcir et le Donazan (1). Oliba, célèbre par son esprit inquiet et querelleur, qui lui avait

(1) Le comté de Fenouillèdes, le Capcir ou Capsir, le Sault et le Donazan faisaient partie du diocèse propre de Narbonne, dont ils furent distraits au commencement du XIVe siècle, pour former le diocèse d'Alet. Le Capcir et le Donazan sont situés sur les frontières d'Espagne et sur la limite du diocèse d'Urgel. Avant notre grande révolution, ils étaient compris dans l'intendance du Roussillon. Le premier avait une étendue d'environ six lieues de pays, du midi au nord et du levant au couchant. Le Donazan est au nord du Capcir, c'est-à-dire rentre plus en France en s'éloignant de la chaîne pyrénaïque ; il avait environ trois lieues (18 kilomètres) du nord au sud, et autant de l'est à l'ouest. Ces deux contrées sont renfermées, aujourd'hui, sensiblement dans la partie méridionale des départements de l'Aude et des Pyrénées-Orientales. Le comté de Fenouillèdes, compris entièrement dans les Pyrénées-Orientales, se prolonge à l'occident par le pays de Sault (Aude), qui, au nord du Capcir et du Donazan, mesure environ six lieues de l'est à l'ouest sur deux lieues du nord au sud (36 kilomètres sur 12).

valu son surnom de Cabreta, acquit un tout autre renom par sa conversion subite, qui s'opéra au monastère de Cuxa.

Voici ce qu'en dit Dom Vaissette d'après saint Pierre Damien :

« L'abbaye de Cuxa, située dans le comté de
» Conflant, portion du diocèse d'Elne, avait
» alors acquis une si grande réputation de régu-
» larité sous la conduite de l'abbé Guarin, que
» plusieurs personnages y étaient venus d'Italie
» se ranger sous la discipline de cet abbé. Les
» principaux furent saint Romuald, qui fonda
» dans la suite l'ordre des Camaldules, le bien-
» heureux Pierre Urseolo duc de Venise, son
» ami Jean Gradenigo et un ermite nommé
» Marin. Ils vécurent pendant quelques années
» auprès de Guarin, dans la retraite et dans la
» pratique de toutes les vertus chrétiennes et
» religieuses. Le comte Oliba, touché de leur
» exemple, fut un jour visiter saint Romuald
» dans sa cellule et lui raconta en particulier,
» et comme en confession, toutes les actions de
» sa vie. Le saint, incapable de flatter les
» pécheurs dans leurs crimes, lui dit nettement
» qu'il n'y avait de salut à espérer pour lui
» qu'en abandonnant le monde et en se retirant

» dans un cloître pour y faire pénitence. Le
» comte, surpris d'une décision qui lui parut trop
» sévère, répliqua que jamais ses confesseurs
» ne lui avaient parlé de cette manière, et
» ayant fait entrer dans la cellule quelques
» évêques et abbés qui l'accompagnaient, il leur
» proposa l'avis que saint Romuald venait de
» lui donner : ils l'approuvèrent tous d'un com-
» mun accord, et avouèrent que la crainte seule
» les avait empêchés de lui parler avec la même
» liberté. Oliba, après les avoir fait retirer,
» convint avec saint Romuald qu'il irait au mont
» Cassin, sous prétexte de pèlerinage, et qu'il
» s'y consacrerait à Dieu par la vie monastique.
» En effet, ayant mis ordre à ses affaires,
» accompagné de Marin et de Gradenigo, il se
» mit en chemin en 988, suivi de quinze mulets
» chargés de ce qu'il avait de plus précieux. A
» son arrivée au mont Cassin, il congédia ses
» gens, et embrassa l'état monastique dans cette
» maison célèbre, où il mourut deux ans
» après (1). »

(1) L'abbé Fleury, dans son *Histoire ecclésiastique*, fait vivre Oliba pendant un très-grand nombre d'années après sa profession, puisqu'il le fait revenir d'Italie pour en faire un abbé de Cuxa et plus tard un évêque d'Alzonne,

Il laissait quatre fils. L'aîné, Bérenger, fut évêque d'Elne vers 990; Bernard, le second fils, fit la branche des comtes de Besalu; Oliba, le troisième, prit l'habit monastique dans l'abbaye de Ripoll, dont il devint abbé en 1009, pour monter sur le siége d'Ausone ou Vich vers 1019.

Enfin, le quatrième fils d'Oliba Cabreta fut Wifred ou Guifred, comte de Cerdagne, de Berga et de Conflant, et qui eut pour second fils l'archevêque de Narbonne, dont nous nous occupons dans ce récit.

Nous nous arrêtons d'autant plus volontiers à l'histoire de ce prélat, qu'elle est plus instructive des mœurs et de l'esprit du onzième siècle. Dans un épiscopat de soixante-trois ans, elle résume les abus, les aventures, les accidents de la vie générale du moyen-âge en nos régions méridionales. Nous allons d'abord rencontrer l'usage abusif d'après lequel chacun, selon son pouvoir ou sa convoitise, se permettait de

---

village, dit-il, situé entre Carcassonne et Saint-Papoul. Cet historien confond notre Oliba avec son troisième fils de même nom, qui se fit moine et parvint en 1019 au siége d'Ausone (Vich en Catalogne), et non d'Alzonne, où il n'exista jamais d'évêché.

disposer souverainement des abbayes et des évêchés de son domaine.

La date de l'usurpation s'éloignant de plus en plus, devenant même étrangère aux générations nouvelles, chacun finissait par regarder ces bénéfices d'église comme un patrimoine, et les vendait sans scrupule à beaux deniers comptant (1).

(1) Voici quelques faits à l'appui : Bernard, vicomte d'Albi et de Nimes, et son frère Frotaire, évêque de Nimes, passèrent, vers l'an 1040, avec un seigneur nommé Bernard-Aymar et Guillaume son fils, un acte par lequel les deux premiers promettent de donner ou plutôt de vendre au dernier l'évêché d'Albi après la mort de l'évêque Amélius, titulaire encore plein de santé, pour le posséder pendant sa vie, soit qu'il se fît sacrer, soit qu'il fît sacrer quelque autre à sa place ; à condition que ce même Guillaume recevrait cet évêché en engagement pour la moitié du domaine qui en dépendait, à la réserve des ordinations, des messes, des pénitences et de quelques oblations, redevances ou fiefs, que ceux qui les possédaient devaient tenir de lui. Le vicomte et son frère l'évêque de Nimes firent cet engagement en faveur de Guillaume, pour le prix de cinq mille sols et d'autre pareille somme pour Pons, comte de Toulouse, payable en différents termes après son sacre. On ajouta qu'en cas que ce futur évêque vînt à mourir auparavant, ses droits seraient réservés à Pierre son frère. (*Histoire générale de Languedoc*, à l'an 1040).

L'an 1062, ce même évêché d'Albi étant venu à vaquer,

Ermengaud, archevêque de Narbonne, étant mort en 1016, cet archevêché, qui était alors un des plus riches de la chrétienté, excita la cupidité de divers prétendants. Adalger, abbé de Conques en Rouergue, se mit sur les rangs et non content d'avoir acheté cette abbaye à prix d'argent avec celle de Figeac, il en vendit les biens. pour marchander l'archevêché de Narbonne.

Guifred (1), comte de Cerdagne, se donna,

moyennant quinze chevaux de grand prix qu'il donna à Frotaire, évêque de Nimes, et à Bernard son frère, un Frotard de la maison de Lautrec obtint cet évêché, et Baluze, qui rapporte le fait, ajoute : « Ces vicomtes d'Albi avaient coutume de recevoir une somme considérable pour l'intronisation des évêques d'Albi, en sorte que personne ne pouvait obtenir cet évêché qu'en le recevant de leurs mains. » Du reste, ce Frotard fut déposé par saint Grégoire VII comme simoniaque. Il avait fondé pendant son épiscopat le couvent de Saint-Sépulcre près de Rodez.

(1) Le comte de Cerdagne, quatrième fils d'Oliba Cabreta, est le même qui fonda, vers l'an 1000, l'abbaye de Saint-Martin de Canigou. Cette abbaye, assez célèbre, qui, après les nombreuses péripéties de son histoire, fut sécularisée en 1781, était située au sud de la petite ville de Prades (Pyrénées-Orientales), au pied d'un hameau du nom de Castell. Son site était des plus sauvages, et l'on ne pénétrait dans le monastère qu'en passant sous une voûte pratiquée dans le massif du clocher. De partout ailleurs, les abords de l'abbaye sont hérissés de rochers à pic, que la main de l'homme avait encore escarpés. L'église, de la construction

d'un autre côté, de grands mouvements pour procurer ce bénéfice à Guifred son fils puîné, qui n'avait alors que dix ans.

Le succès de ses démarches lui parut d'autant mieux assuré, qu'outre la grandeur de sa naissance et de ses domaines, il était allié de parenté avec Raymond, vicomte de Narbonne, dont le fils Bérenger venait d'épouser sa nièce, fille de Bernard, comte de Besalu son frère. Il vint donc à Narbonne et promit au vicomte cent mille sols à partager entre lui et le comte de Rouergue, qui, en sa qualité de marquis de Gothie, avait part égale à l'élection. Le vicomte hésitait; il avait toujours bien vécu avec le

---

la plus grossière, possédait, taillée dans le roc, une crypte souterraine, qui a disparu comblée par le travail des siècles. Le fondateur y devint profès l'an 1035 et y vécut encore quelques années. Ce qui nous permet de rectifier une assertion de la *France pontificale* de M. Fisquet, qui cite un document d'après lequel les moines de l'abbaye de Villemagne (Hérault, arrondissement de Béziers) auraient écrit, dès 1025, à ceux de Saint-Martin de Canigou, pour les consoler de la mort de Wifred, comte de Cerdagne, fondateur et moine de leur abbaye. Evidemment, si Wifred n'a fait profession qu'en 1035, la date des condoléances de 1025 est de tous points erronée.

Nous avons puisé cette conviction dans les additions et notes de M. Du Mège à l'*Histoire générale de Languedoc*.

défunt archevêque, qui était son frère, et il craignait, en intronisant sur le siége archiépiscopal un homme puissant d'ailleurs par sa famille et ses alliances, d'aller au-devant d'une série de conflits redoutables où les vicomtes de Narbonne pourraient bien être contraints de renoncer à nombre d'abus usurpés au détriment de l'Église de Narbonne. Mais son fils Bérenger leva tous ses scrupules et le fit enfin consentir. Le jeune Guifred fut donc élu, après que le comte de Cerdagne, son père, eut compté pour l'archevêché la somme promise, que le comte de Rouergue et le vicomte de Narbonne se partagèrent. Mais il dut promettre par serment au vicomte et à son fils Bérenger de ne leur jamais porter aucun préjudice et de leur conserver leur droit.

Quoique fort jeune, et bien au-dessous de l'âge fixé par les canons, Guifred fut néanmoins sacré bientôt après, de sorte qu'à l'âge de 15 ou 18 ans tout au plus, il faisait les fonctions épiscopales.

Nous le voyons, en effet, présider en qualité d'archevêque, de concert avec le vicomte de Narbonne, en 1023, un plaid dans lequel nous trouvons quelques circonstances remarquables au sujet du duel juridique qui était alors en usage.

Auger, abbé de Saint-Paul de Narbonne, et ses chanoines, avaient un différend avec un seigneur du pays pour quelque domaine ; mais, ne pouvant convenir des faits, ils résolurent de terminer leur querelle par le duel, et remirent pour gage de bataille, entre les mains du vicomte Bérenger, la somme de cinq cents sols. Le jour marqué pour le combat étant arrivé, le champion de l'abbaye de Saint-Paul, après avoir reçu la communion, était prêt à entrer en lice, quand l'archevêque Guifred, le vicomte Bérenger, Ricard vicomte de Milhau, Bernard abbé de la Grasse, et tous les nobles du pays qui tenaient les assises, conseillèrent aux parties de s'accommoder par le partage du domaine qui faisait le sujet de la contestation : ce qui termina le différend.

On peut encore remarquer, au début de l'épiscopat du jeune Guifred, l'insuccès d'une surprise des Sarrasins sur la ville de Narbonne (1).

(1) D'après diverses circonstances du récit des vieux historiens, il y a tout lieu de croire que cette surprise par mer fut tentée par des Normands plutôt que par des Sarrasins. En effet, personne, à Narbonne, où nombre de

Débarqués de nuit sur un point de la côte voisin de la ville, les Sarrasins investissent aussitôt Narbonne, qui se réveille assiégée; mais les habitants, dit un ancien auteur, ayant eu recours à la prière et ayant fait une communion générale, opérèrent une sortie si furieuse contre les infidèles, qu'ils passèrent les uns au fil de l'épée, emmenèrent les autres prisonniers et se saisirent de tout leur bagage. Ayant ensuite partagé le butin et les prisonniers, *ils exposèrent ces derniers en vente*, à la réserve d'une vingtaine dont la haute stature était remarquable et qu'on offrit à l'abbaye de Saint-Martial de Limoges.

On présume que le vicomte de Narbonne, Raymond, celui-là même qui avait vendu l'archevêché, fut tué dans cette sortie, ce qui mit en présence le jeune vicomte Bérenger et l'archevêque, plus jeune encore, qui ne restèrent pas longtemps d'accord.

Nous avons dit, tout-à-l'heure, que lorsque les vicomtes de Narbonne consentirent à l'élection de Guifred, leur allié, ils eurent la précau-

---

gens entendaient la langue sarrasine, ne put comprendre le langage des agresseurs, que les chroniques comparent au jappement des petits chiens.

tion d'exiger de lui un serment par lequel il promettait de leur conserver leur droit. Mais dès que ce prélat fut parvenu à un âge plus avancé, soit par esprit de domination, soit par zèle pour les intérêts et la liberté de son église, il se mit peu en peine d'exécuter ses promesses, et chercha à se soustraire à la sujétion où les vicomtes avaient réduit ses prédécesseurs.

De son côté, le vicomte Bérenger, outré du procédé de l'archevêque et désireux de conserver quand même la position acquise, résolut de ne pas céder et se mit en armes pour soutenir ses droits. Guifred ne se laissa guère devancer par ces préparatifs ; il leva des troupes, aliéna une partie des terres de son Église pour les soudoyer, et en donna une autre partie à divers capitaines qu'il engagea à son service.

Ce ne fut pas le seul dommage que ce prélat causa à son Église ; il n'omit rien pour faire élire son frère Guillaume à l'évêché d'Urgel, et voyant qu'il ne pouvait réussir qu'à force d'argent, il promit cent mille sols. Pour parfaire cette somme, il remit les croix, les reliquaires, les vases sacrés et l'argenterie de l'église de Narbonne à des orfèvres juifs, qui allèrent les trafiquer en Espagne. Il vendit ensuite les livres de son Église, les ornements des autels, et réduisit ses ecclésiastiques à la mendicité.

Ayant excommunié le vicomte avec toute sa famille, et ayant jeté l'interdit sur tout son domaine (1), le vicomte eut recours aux légats du Pape, aux évêques et aux abbés rassemblés à Arles, en 1059, et leur déclara dans un mémoire (2) : « Que si la crainte de Dieu ne l'eût » retenu, il n'aurait fait aucun cas de l'excom-

(1) Lorsqu'un domaine était déclaré en interdit, on cessait d'y administrer les sacrements, et les morts étaient privés de la sépulture ecclésiastique.

Ce fut à l'occasion des reliques des saints Just et Pasteur, dont on venait de faire la translation de Perdinas, ville de Cerdagne, à la cathédrale de Narbonne (1058), que cet interdit fut lancé. L'archevêque ne pouvant s'entendre avec l'archidiacre touchant les offrandes faites pour honorer ces reliques, enleva les corps sacrés et les transporta dans une simple paroisse du diocèse, que l'on croit être Notre-Dame d'Alet, et y établit son siége. La vicomtesse usa de tous les moyens pour amener son cousin (Rohrbacher fait de la vicomtesse une sœur de l'archevêque, mais elle n'était que sa cousine germaine) l'archevêque à les réintégrer ; mais, voyant qu'elle ne pouvait aboutir, dans son impatience, elle usa de voies de fait, enleva les reliques et les remit dans la cathédrale de Narbonne.

C'est pour répondre à cet audacieux enlèvement que l'archevêque lança l'interdit sur les domaines du vicomte.

(2) *Voir* Pièces justificatives, N° VII.

» munication que Guifred avait lancée contre
» lui, parce que c'était un scélérat, déjà excom-
» munié comme simoniaque par le pape Victor.
» Il a vendu, ajoute-t-il, tous les ordres, et,
» pour ne parler que des évêques qu'il a sacrés
» sur mes terres, il les a tous rançonnés jus-
» qu'au dernier. Si vous doutez de la vérité de
» ces faits, interrogez les évêques de Lodève
» et d'Elne qu'il a ordonnés. Il n'a voulu bénir
» les églises de mon domaine qu'à prix d'argent,
» et, en dernier lieu, il a fait arrêter et mettre
» en prison deux de mes chevaliers, qui reve-
» naient de la fête qu'on célèbre à Aniane le
» jour de l'Épiphanie...., etc. »

Le concile d'Arles rejeta ces accusations. Il était, en effet, vraisemblable que l'animosité qui régnait entre eux eût porté le vicomte à exagérer. On ne saurait cependant disconvenir que l'archevêque ne fût répréhensible sur plusieurs chefs. Il fut, en effet, excommunié au concile de Rome de 1057 par le pape Victor II; excommunié de nouveau par le pape Nicolas II, devant lequel le vicomte porta la plainte rejetée par le concile d'Arles ; il était encore nommément excommunié dans le concile de 1076, que saint Grégoire VII tint à Rome, et où Bérenger, évêque d'Agde, fut compris dans la sentence, pour avoir communiqué avec Guifred et fait pour lui quelques fonctions épiscopales.

Il faut dire pourtant, à la décharge de l'archevêque, que les mœurs du temps étaient plus coupables que lui-même. Il comptait déjà plus de trente ans d'épiscopat, lorsque les vues du moine Hildebrand prévalurent dans les conseils de la Papauté; et ce retour vigoureux aux vertus de la primitive Église dut paraître une nouveauté à ceux qui, nés et élevés au sein de l'état social du onzième siècle, ne découvraient pas que leur situation acquise l'était au prix de l'injustice et de l'usurpation. Archevêque depuis l'âge de dix ans, c'est-à-dire depuis l'âge où les souvenirs commencent à peine à se classer, Guifred se sentait archevêque, comme d'autres se sentaient comtes, par le sang et la naissance, et auxquels rien au monde ne saurait persuader que le rang et la dignité des ancêtres ne leur a pas été transmise. C'est ce qui explique, sans l'excuser, la résistance opiniâtre qu'il opposa à toutes les sentences qui frappaient en lui le simoniaque et l'archevêque désobéissant aux injonctions du chef visible de l'Église.

Son épiscopat, à certains moments, n'est pas

dépourvu de grandeur. Il avait été l'un des plus ardents promoteurs de la Trêve de Dieu. Sa querelle avec le vicomte, qui dura plus de quarante ans, et qui fut le point de départ et une des causes efficientes de tout ce qu'on peut lui reprocher, devait, par expérience personnelle, lui avoir démontré la nécessité de ménager les peuples foulés et le pays ravagé. Ce fut Guifred qui, l'an 1041, présida l'assemblée de Tuluges ou Toulouges, à trois milles de Perpignan, où les comtes et les vicomtes de la province de Narbonne, avec les évêques et les abbés, établirent la *Tregua*, mot espagnol qui, francisé, est devenu à jamais historique sous le nom de Trêve de Dieu. Disons en forme de parenthèse que la Trêve de Dieu (1) soutenue à grand' peine par les

(1) L'abbé Fleury, dans son *Histoire ecclésiastique,* après avoir cité les conciles de Bourges et de Limoges de l'an 1031 où, dit-il, il est souvent parlé de la paix que les évêques voulaient établir en France, mentionne un synode qui aurait été tenu dans le diocèse d'Elne, le 16 mai 1027, où on confirma les statuts qui avaient été faits par les deux évêques d'Elne et d'Ausone, et qui étaient mal observés : il y a dans cette assertion une erreur qu'ont relevée les Bénédictins. C'est à l'an 1047 qu'il faut rapporter ce synode d'Elne, et ce sont les statuts de l'assemblée de Tuluges qui furent confirmés.

Il existe, il est vrai, des différences dans les diverses

seuls moyens canoniques, n'eut sa plus grande efficacité pour procurer la paix publique, que lorsque les peines édictées par les canons furent appuyées par une force armée qu'on soudoya dans la province de Languedoc par l'impôt de la *Pezade :* mot facilement compréhensible à ceux qui sont familiarisés avec les idiomes du midi de la France, et qui veut dire impôt de la paix. Dans nos régions, cet impôt survécut à la Trêve de Dieu, et resta une des sources du revenu des États, longtemps après la pacification générale dans l'unité française.

La preuve encore que notre archevêque n'était ni insensible, ni étranger à tout mouvement généreux, fut faite au concile assemblé à Narbonne le 1er août 1043. A ce concile assistèrent, outre quinze évêques des provinces d'Arles et de Narbonne, le vicomte Bérenger et divers prélats et seigneurs du pays.

En pleine assemblée, Guifred dépouilla l'habit militaire dont il était revêtu, et déclara anathème

copies qui restent des actes du concile de Tuluges, et qu'on rencontre dans les archives des églises de Narbonne, Elne, Ausone, Girone, etc.; mais elles proviennent des modifications que chaque évêque crut devoir faire subir aux résolutions de Tuluges, en les adaptant à la répression des abus plus particuliers de son diocèse.

tant contre lui-même que contre les autres évêques de la province qui suivraient les armes. Malheureusement il guerroyait cette même année contre le vicomte,

Pour réparer aussi, en quelque sorte, les dommages qu'il avait causés à son clergé, il lui donna, en 1048, de concert avec le vicomte, la dîme du poisson qui se prenait à la mer, aux étangs et dans la rivière d'Aude, ainsi que la dîme du sel qui se faisait dans toute l'étendue du comté de Narbonne.

L'an 1050, il présidait au concile tenu dans l'abbaye de Saint-Thibéry au diocèse d'Agde. Gonthier, évêque d'Agde, était présent : on lança l'excommunication contre les usurpateurs des biens ecclésiastiques, et nommément contre ceux qui avaient occupé les domaines de l'abbaye d'Arles-sur-Tech en Roussillon.

En 1053, Guifred se rendit au lieu de Quarante et, en présence de plusieurs évêques, y consacra l'église de l'abbaye dédiée à la Sainte-Vierge avec les autels de saint Delmas martyr, de saint Landebert, de saint Jean-Baptiste et de Sainte-Croix. L'année 1058 le trouvait à Barcelone, dont il consacra la cathédrale ; ce qui prouve qu'il avait fait amende honorable au Saint-Siége, pour son excommunication de 1057 de la part du pape Victor.

Nous avons du pape Alexandre II deux lettres (1) de 1065, adressées à l'archevêque de Narbonne et au vicomte. Le Souverain-Pontife loue beaucoup le vicomte d'avoir protégé les Juifs qui demeuraient sur ses terres, et d'avoir empêché qu'on leur ôtât la vie. A l'archevêque Guifred, le pape écrit à cause de la croisade qui, cette année (1065), entra en Espagne par la Gaule Narbonnaise, et durant laquelle les croisés firent main-basse sur tous les Juifs qu'ils purent trouver sur leur route et les égorgèrent. Alexandre désapprouve formellement cet inique massacre, et indique la différence qu'on doit faire du juif dispersé et inoffensif d'avec le mahométan qui est persécuteur du nom chrétien.

« Nous avons appris avec plaisir que vous
» avez protégé les Juifs qui demeurent parmi
» vous, pour empêcher qu'ils ne fussent tués par
» ceux qui allaient contre les Sarrasins en Es-
» pagne.

» C'est ainsi que saint Grégoire a déclaré que
» c'était une impiété de les vouloir exterminer

(1) Il paraît que ces lettres étaient circulaires, puisque d'autres évêques des Gaules en reçurent de semblables.

» puisque Dieu les a conservés, par sa miséri-
» corde, pour vivre dispersés par toute la terre,
» après avoir perdu leur patrie et leur liberté,
» en punition du crime de leurs pères. Leur
» condition est bien différente de celle des Sar-
» rasins, contre lesquels la guerre est juste
» puisqu'ils persécutent les chrétiens, et les
» chassent de leurs villes et de leurs demeures,
» au lieu que les Juifs se soumettent partout à
» la servitude (1). »

(1) En lisant les humiliations que l'on faisait subir aux Juifs, on a la preuve de leur soumission et de leur innocuité. D'après un ancien chroniqueur, Dom Vaissete rapporte que : « Aymeric, vicomte de Rochechouart, ayant fait un
» voyage dans la ville de Toulouse, accompagné d'Hugues
» son chapelain, celui-ci fut chargé de faire la cérémonie
» de donner un soufflet à un Juif le jour de Pâques, comme
» il a toujours été d'usage. Le coup fut si violent qu'il fit
» jaillir la cervelle et les yeux du Juif, qui expira sur-le-
» champ. La Synagogue de Toulouse l'enleva de la cathé-
» drale pour l'inhumer dans son cimetière. »
Ce fait prouve qu'il y avait nombre de Juifs dans la province. Cette peine du soufflet était déjà commuée, au commencement du douzième siècle, en une leude ou péage que les Juifs étaient obligés de payer aux chanoines de Saint-Saturnin pour traverser le faubourg de Toulouse, depuis la fête de la Toussaint jusqu'à la fête de Saint-Saturnin qu'on célèbre à la fin de novembre, c'est-à-dire pendant un mois.

Nous croyons en avoir assez dit pour faire comprendre au lecteur la situation canonique de la Narbonnaise, et lui faire pressentir qu'un pape comme saint Grégoire VII ne mettrait aucun délai à y porter remède. C'est ce qu'il nous reste à voir dans le chapitre suivant.

CHAPITRE III.

Difficultés de la mission des légats dans la Gaule Narbonnaise. — Guifred et Raymond de Saint-Gilles. — Conciles de Besalu et de Girone. — Mort de Guifred. — Usurpation du siége de Narbonne par Pierre de Narbonne, évêque de Rodez.

A la date à laquelle nous sommes arrivés, c'est-à-dire vers l'an 1077, le monastère de Saint-Pons était, de notoriété publique, dans un état de régularité et de ferveur qui contrastait singulièrement avec tant d'autres fondations religieuses sur le penchant de leur ruine ou bien démoralisées par les patronages laïques. Du reste, il semble, en étudiant l'histoire de cette époque, que, si quelques monastères brillaient entre tous par leur prospérité, leur savoir et leurs vertus, c'étaient ceux qui, dévolus au Saint-siége par charte de fondation ou d'accession, trouvaient dans la vigilance du Pontife romain une protection efficace contre les entreprises des seigneurs séculiers.

Tel était le cas de l'abbaye de Saint-Pons de Thomières, et Frotard, son abbé, jouissait d'une réputation de prudence et de sainteté méritée à tous égards. Ce fut certainement le motif qui détermina le Souverain-Pontife à l'adjoindre à l'évêque d'Oléron, qui, l'année précédente, dans la province, avait consacré l'autel de Saint-Guillaume confesseur dans l'abbaye de Gellone (Saint-Guilhem-du-Désert).

En cette circonstance, comme toujours, le Saint-Père avait agi avec ce discernement consommé qui n'est pas très-éloigné de l'infaillibilité des successeurs de Pierre.

On ne pouvait ramener l'archevêque que de deux manières, par la persuasion ou la contrainte. Frotard était choisi tout exprès pour la première; car, au jugement du pontife romain, personne aussi bien que lui ne devait, auprès de l'archevêque, appuyer les motifs de foi et les dispositions canoniques par un passé plus irréprochable et par l'éclat de plus de vertus acquises.

Si Guifred, touché des remontrances toutes paternelles du Saint-Père, venait de lui-même à résipiscence et donnait à l'excommunication un pénitent volontaire et consciencieux, tout était dit, le conflit tombait de lui-même et la mansuétude du Souverain-Pontife était prête à adoucir les rigueurs de sa justice.

Mais il y avait à craindre que les avertissements et les objurgations de l'Eglise fussent regardés comme non avenus ; dans ce cas, l'archevêque, avec la réprobation, qui déjà de toutes parts s'élevait contre lui, allait encourir encore l'animadversion des peuples, qui ont, malgré tout, le respect du droit et de la sainteté, et dont la conscience guette, sans se lasser, la venue du châtiment sur les impies et les révoltés. Par le malheur des temps, le Saint-Siége n'avait plus aujourd'hui que l'arme morale de l'excommunication, encore l'excommunication était-elle d'une application difficile. Car, pendant un épiscopat de plus de 60 ans, l'archevêque avait vu se renouveler plusieurs fois la plupart des titulaires de tous les siéges de la province de Narbonne ; et comme il les avait tous rançonnés à leur avènement, il se trouvait que la simonie dont on l'accusait et dont on pouvait accuser la province entière, était une considération décisive pour grouper autour du métropolitain ceux qui craignaient d'être convaincus pour une semblable accusation. Si, au point de vue purement ecclésiastique, la situation était délicate, elle semblait inattaquable au point de vue séculier. Car, si l'Église avait toujours la possibilité, et elle ne s'en faisait pas faute, de prononcer les peines canoniques contre l'archevêque, il fallait trouver un auxiliaire assez puissant pour les faire exécuter, et c'était là la grande difficulté.

Nous avons vu que le vicomte de Narbonne, loin de pouvoir soumettre l'archevêque, avait été malmené par lui au point de recourir à la protection du Saint-Siége en portant plainte devant les conciles. Ce n'était donc pas lui qui pouvait intervenir efficacement pour le bon droit et la cause pontificale. Les rois de France, de qui les archevêques de Narbonne tiraient leurs droits féodaux, étaient bien loin, et d'ailleurs avaient fort à faire pour se maintenir au Nord contre des vassaux turbulents et presque leurs rivaux de puissance.

Celui qui aurait pu appuyer efficacement les décrets de Rome ou d'un concile, c'était Raymond de Saint-Gilles, suzerain du vicomte et de l'archevêque en sa qualité de comte de Rouergue et duc de Narbonne. Or, il se trouvait que le comte et l'archevêque s'étaient promis réciproquement aide et secours envers et contre tous.

Le comte de Toulouse, père de Raymond de Saint-Gilles, de ses vastes états, ne lui avait laissé en mourant que le petit comté de Saint-Gilles ; mais il avait compensé cette inégalité de partage avec son frère Guillaume par la substitution de Raymond à son aîné au cas que Guillaume mourût sans héritiers mâles, et probablement aussi par la renonciation de Guillaume à l'héritage de la maison de Rouergue. En attendant, Raymond avait épousé sa cousine l'héritière de Provence, et presque au même moment Berthe de Rouergue décédait sans laisser d'héritier à son mari Robert II, comte d'Auvergne, et laissant à ses parents les plus rapprochés un vaste héritage dans lequel se rencontrait le duché de Narbonne.

Dès l'an 1066, Raymond de Saint-Gilles s'était rendu maître d'une grande part de la succession, et, de son côté, l'archevêque de Narbonne avait favorisé de tout son pouvoir cette prise de possession en obtenant de ce prince, en échange, une protection qui ne se démentit plus jusqu'à la mort de l'archevêque.

Nous trouvons, en effet, à l'an 1066 un accord de Raymond avec Guifred (1), par lequel le

(1) *Voir* Pièces justificatives, N° X.

comte de Saint-Gilles, qui se qualifie déjà comte de Rouergue, « promet d'aider ce prélat contre » les évêques de la province qui s'étaient fait ou » qui se feraient sacrer dans la suite sans sa » participation.... d'obliger les vicomtes à lui » rendre la portion des fortifications de la ville » qu'ils avaient usurpée sur lui..... de lui » donner en fief par amitié *(per drudariam)* (1) » la troisième partie de ce qu'il acquerrait par » les plaids *(per placitum)* dans l'étendue du » comté de Narbonne, etc..... »

L'excommunication prononcée au concile de Rome de l'an 1076, tant contre l'archevêque que contre Raymond de Saint-Gilles à cause de sa cousine, l'héritière de Provence, qu'il avait épousée (les canons défendant le mariage entre cousins-germains), resserra les liens qui unissaient Guifred à Raymond de Saint-Gilles. Elle fut cause d'un nouvel accord qu'ils passèrent entre eux en ces termes (2) :

(1) Le mot *drudariam*, qui est de basse latinité, nous paraît dériver du mot allemand *bruder* qui veut dire *frère*, et il signifierait alors *fraternité*. Dans ce cas, entre Raymond de Saint-Gilles et l'archevêque Guifred il y aurait eu une de ces associations si fréquentes entre compagnons d'armes à ces époques de l'histoire.

(2) *Voir* Pièces justificatives, N° XIII.

« Moi, Raymond comte, qui ai été fils d'Al-
» modis...... promets à Guifred archevêque
» de ne pas le troubler dans la possession de
» son siége et de ses domaines, et d'obliger
» Raymond Bérenger et ses fils, Garsinde ainsi
» que Bernard et Pierre ses fils, de lui faire
» hommage pour la moitié de la ville de Narbonne
» et le domaine de son archevêché. Le comte
» donne aussi en fief à l'archevêque *(per druda-*
» *riam)* la troisième part de toutes les acquisi-
» tions qu'il ferait dans le comté de Narbonne. »

Bien plus, sommé en 1074, en même temps que Guillaume comte de Bourgogne, par une lettre du 2 février, de la part du pape Grégoire VII, de tenir la promesse solennelle qu'ils avaient faite l'un et l'autre, devant le corps des saints Apôtres, de secourir l'Eglise romaine et de prendre la défense de Saint Pierre toutes les fois qu'ils en seraient requis, Raymond de Saint-Gilles ne paraît pas s'être ému de ce pressant appel du Saint-Père alors opprimé par les Normands.

Le Saint-Siége n'avait donc pas à compter sur Raymond de Saint-Gilles.

Telle était la situation dans la province de Narbonne, et comme l'archevêque ne voulut entrer en aucun accommodement, les légats, Amat évêque d'Oléron, et Frotard abbé de Saint-Pons de Thomières, pour l'isoler de ses alliés et de ses appuis naturels, choisirent pour le lieu du concile la ville de Girone. Le siége en était occupé par Bérenger frère de l'archevêque, d'un second lit. Mais à Girone confinaient les possessions de Bernard comte de Besalu, ami particulier de notre Frotard, et ce comte, dévoué au Saint-Siége, devait assurer la liberté des légats contre toute surprise et appuyer les décisions conciliaires. A la même époque, d'ailleurs, Robert Guiscard, réconcilié avec saint Grégoire, prenait hautement la défense du Saint-Père, et au besoin sa fille Mathilde, qui venait d'épouser Raymond Bérenger II comte de Barcelone, seconderait la politique paternelle, en assurant au Souverain-Pontife l'appui des comtes de Barcelone. Ce furent les considérations qui décidèrent le choix de Girone.

En compagnie de plusieurs évêques et abbés, Guifred se rendit au concile; mais se sentant coupable de simonie et craignant d'être déposé, il fit tant et si bien par ses intrigues et par les mouvements qu'il excita dans l'assemblée, que les légats durent se réfugier au château de

Besalu (1) où le comte Bernard leur donna l'hospitalité. Les légats notifièrent aux pères de Girone la translation de l'assemblée à Besalu, ce qu'ils firent malgré les réclamations de la plupart des évêques, des abbés et des comtes, qui se plaignirent du procédé des légats. Le concile se rassembla à Besalu le 6 décembre de l'an 1077 ; mais les plaignants se dispensèrent d'y assister, de sorte qu'il n'y eut que trois évêques : Bérenger d'Agde, jaloux de purger son excommunication de l'année précédente, Raymond d'Elne, et Pierre de Carcassonne qu'on a surnommé Artaldus ou Artallus. On y compta aussi un petit nombre d'abbés, et l'assemblée ainsi composée dressa divers canons contre les simoniaques. L'archevêque Guifred y fut notamment excommunié pour les troubles qu'il avait excités dans l'assemblée de Girone, et probablement aussi comme simoniaque. — Six abbés de monastères situés dans les états du comte Bernard (comtés de Besalu, Fenouillèdes et Valespir), furent aussi excommuniés, et le comte appuya les décrets de toute son autorité.

(1) Ville de Catalogne au-dessous de Castel-Follit et d'Olot sur le cours du Fluvia, petit fleuve qui se jette dans la Méditerranée au golfe de Roses.

En effet, il ne se contenta pas de chasser les abbés simoniaques, il travailla (1) de plus à la réforme de leurs monastères, après leur avoir fait élire des supérieurs légitimes. C'est ainsi qu'il donna (1078) les monastères de Campredon au diocèse de Girone, d'Arles-sur-Tech dans le Valespir (diocèse d'Elne), et de Saint-Pons surnommé Vallosa (diocèse de Narbonne) à Saint Hugues abbé de Cluny, pour les agréger à sa congrégation, ce qu'il fit entre les mains d'Hunald ou Hunaud abbé de Moissac, son cousin.

Le comte déclare dans l'acte qu'il avait racheté le second de ces monastères pour 200 onces d'or, des mains de Guifred archevêque de Narbonne et d'un seigneur séculier qui le tenait de lui en fief. Il avait aussi racheté le dernier pour 100 onces d'or des mains de Pierre, vicomte de Fenouillèdes, qui l'avait acquis en fief.

Il supprima en même temps tous les mauvais usages que lui ou ses prédécesseurs avaient introduits dans ces trois monastères.

Il rétablit encore au mois de mars de la même année, de concert avec Ermengarde sa femme, celui de Saint-Étienne de Banyuls qui était situé

(1) Marca, *Hisp.*, p. 461 et 1168.

dans son comté de Besalu au diocèse de Girone et était presque abandonné. L'acte est souscrit par Amat évêque d'Oléron, légat du Saint-Siége, et par Frotard abbé de Saint-Pons de Thomières, son collègue dans la légation.

Bien plus, à la persuasion des légats, le comte Bernard se déclara vassal de l'Église romaine, et s'engagea de lui payer tous les ans, tant en son nom qu'en celui de son fils et de ses successeurs, une certaine somme comme redevance.

Encouragés par cet appui, Amat et Frotard convoquèrent pour l'an 1078 un nouveau concile dans la même ville de Girone. Il était évident que la translation à Besalu, quoique féconde en résultats, n'avait pas obtenu le principal qui était de réduire l'archevêque de Narbonne et de détacher les évêques de la province du métropolitain. Presque tous, en effet, avaient fait cause commune avec lui en s'abstenant de paraître à l'assemblée de Besalu. En attendant la tenue du nouveau concile de Girone, les légats réformèrent divers monastères dans les états d'Ermengaud dit de Gerb comte d'Urgel.

A l'ouverture de la nouvelle assemblée de Girone de l'an 1078, on compta six évêques de la province de Narbonne : ceux de Girone, d'Ausone, d'Elne, de Rota, de Carcassonne et de Barcelone, outre l'envoyé de l'évêque d'Urgel et Guillaume évêque de Comminges. On fit treize canons, la plupart dirigés contre la simonie et les mariages entre parents (1).

L'archevêque de Narbonne ne parut pas cette fois à l'assemblée. Le deuxième canon ordonne que les églises qui auraient été consacrées par les simoniaques, ou à prix d'argent, seraient consacrées de nouveau, et que les clercs qui avaient reçu l'ordination en donnant une somme, ou des mains d'un évêque simoniaque, seraient réordonnés par un évêque *catholique*. (L'ordination n'est pas réitérée par rapport à ces clercs, ajoute le canon; mais la consécration est donnée parce que rien n'avait précédé qui pût être approuvé) (2).

Enfin, il est marqué dans le dernier canon que, vu l'impossibilité matérielle de soustraire les églises aux usurpations laïques, on faisait défense à ces derniers de recevoir les oblations des messes et des autels ainsi que les prémices. On y

(1) Raymond de Saint-Gilles avait épousé sa cousine, l'héritière de Provence.
(2) *Histoire générale de Languedoc.*

prohibait aussi toute espèce de paiement pour les baptêmes et les sépultures, etc. Les décisions de ce concile ne purent rien gagner sur l'obstination de l'archevêque. Bien plus, il sembla se roidir dans la résistance, à mesure qu'on le sollicita avec plus d'ardeur pour lui faire faire amende honorable au Saint-Siége en obéissant à ses décrets. Toutefois, avant de le frapper définitivement, le pape saint Grégoire crut devoir user de toutes les influences qui pouvaient faire quelque impression sur l'esprit du vieux métropolitain. Le Saint-Père écrivit successivement aux abbés de Ripoll et de Saint-Cucufat, qui tentèrent vainement de lui faire entendre raison. Le légat Frotard fut chargé d'une nouvelle tentative; mais ses efforts et son éloquence restèrent infructueux. Saint Grégoire VII s'adressa encore à l'évêque de Girone, frère puîné de Guifred d'un second lit; il lui écrivit (1) :

« Je veux vous voir pour votre frère de Nar-
» bonne plus de sollicitude que vous n'en avez
» montrée jusqu'ici; car je suis tout-à-fait navré
» de le voir courir à sa perte. Ce sera un grand
» étonnement pour moi, si, vous, son frère
» germain et son cohéritier, vous ne vous efforcez

(1) *Voir* cette lettre aux Pièces justificatives, N° XVI.

» de le ramener dans la voie du salut. Vous le
» savez du reste, en présence d'une parenté
» charnelle ou spirituelle, il suffit d'être homme
» et chrétien, dès qu'on la voit en si grand péri
» pour s'efforcer de la secourir, dût-on payer de
» sa personne. Courage donc, et, animé d'amour
» pour votre frère, ne craignez pas de l'aborder
» avec notre admonition ; représentez-lui et les
» excès du passé de sa longue vie et le jugement
» imminent et menaçant déjà de la vengeance
» divine. Si c'est possible, arrachez-le du seuil
» de la mort éternelle, afin que votre cœur
» éprouve non-seulement un contentement véri-
» table du salut de votre frère, mais encore la
» satisfaction d'avoir mérité vous-même, de la
» part du Dieu des largesses, l'inestimable prix
» de la rétribution éternelle.

» Donné à Rome, le IV des nones de janvier.
» Indiction 2e. »

Mais Guifred, insensible aux anathèmes qui l'avaient frappé tant de fois, demeura sourd à ces pressantes sollicitations. Soutenu par la force séculière, il semblait se mettre peu en peine de ces excommunications impuissantes à le déposséder matériellement. Ce peu d'intelligence ou ce mépris des droits de l'Église et de la conscience furent particulièrement sensibles au Souverain-Pontife.— L'archevêque de Narbonne était dans une situation exceptionnelle, ce qui aggravait sa faute; il n'était pas seulement le métropolitain d'une vaste province, il avait encore intronisé sur les siéges d'Urgel et de Girone deux de ses frères, qui gardaient une attitude correcte, mais auxquels il fallait enlever pour l'avenir toute tentation de résistance au Saint-Siége et toute velléité de schisme. Pour cela il fallait sévir. Tout le monde comprend, d'ailleurs, que ces trois puînés des comtes de Cerdagne, occupant simultanément trois siéges épiscopaux limitrophes entre eux, et gardant entre leurs confins leur chef de famille laïque, puissant déjà par l'étendue de ses possessions et capable d'une protection armée, devenaient un obstacle sérieux au rétablissement de la discipline ecclésiastique, s'ils venaient à marcher d'accord dans leur résistance au Saint-Siége et leur mauvais vouloir en regard des décisions apostoliques. Aussi, ayant épuisé tous les moyens termes et toutes les combinaisons de la charité patiente, saint Grégoire n'hésita plus. Il déposa Guifred de son épiscopat, et le déposa sans espérance de retour. Le concile de novembre 1078, tenu à Rome, s'unit au Saint-

Père pour corroborer cette sentence de déposition, et Raymond de Saint-Gilles, fauteur de cette résistance opiniâtre, se vit aussi excommunié dans le même concile ; mais on spécifia que c'était à cause de sa femme l'héritière de Provence, sa cousine germaine, qu'il avait épousée nonobstant les défenses de l'Église.

Puis le pape saint Grégoire, voyant l'archevêque rebelle s'endurcir encore dans sa désobéissance et braver, sans en être touché, les anathèmes des conciles, redoubla contre l'archevêque les peines canoniques, et, dans le concile du mois de février 1079, il l'excommunia solennellement, lui et ses partisans clercs ou laïques, parmi lesquels on doit très-résolument compter Raymond de Saint-Gilles. Peu de mois après, Guifred de Cerdagne, archevêque de Narbonne depuis 63 ans, expirait sous l'anathème et dans son péché.

De cette histoire de l'archevêque de Narbonne, nous pouvons conclure que la fermeté du pouvoir apostolique ne fut à la hauteur des exigences de la situation de l'Église, que grâce à l'énergie persévérante, à l'initiative personnelle et à la longue influence de saint Grégoire VII dans les conseils de la Papauté.

Dans nos régions méridionales surtout, nous voyons les excommunications être encore loin de cette puissance absolue qu'on attribue généralement aux anathèmes sur les populations religieuses du moyen-âge. Il faut, à l'acceptation de ces sentences et pour en tirer le maximum d'utilité pratique, l'unité de discipline et l'uniformité d'action d'un épiscopat en communication étroite et permanente avec l'évêque et le siège indéfectible de Rome : sans cela, les résultats ne répondent plus aux efforts de l'autorité, et laissent faibles et sans vigueur les armes les plus redoutables. On le vit bien à la mort de Guifred. Pierre, évêque de Rodez, accourut à Narbonne et s'empara du siège, sans égard pour les canons qui règlent la liberté et la loyauté des élections. Il était le troisième fils de Bérenger, le vicomte de Narbonne, antagoniste de notre Guifred, et ce fut à l'instigation de ses frères et neveux qu'il usurpa l'archevêché. Ils pensaient tous qu'on supprimait ainsi toute rivalité et toute compétition d'intérêts.

En effet, cette combinaison qui attribuait le siège de Narbonne au plus proche parent des vicomtes, faisant de l'archevêché un apanage de la famille, assurait la prépondérance des vicomtes et leur procurait un surcroît de puissance très-enviable. Mais l'indépendance du métropolitain était compromise, les droits du Saint-Siége méconnus, la discipline à la merci des intérêts laïques d'une famille toute-puissante. Aussi cette usurpation toute fraîche donna bientôt à saint Grégoire et à ses légats de nouvelles occasions d'exercer la vigueur apostolique et de combattre la simonie, comme nous le verrons dans un des chapitres suivants.

CHAPITRE IV.

Arbitrage entre l'abbé de Conques et Bermond d'Agde. — Mission de Frotard auprès des fils de Raymond Bérenger Ier. — Frotard et le vicomte de Minerve. — Arbitrage entre Isarn abbé de Caunes et Guillaume Siger de Ventajou. — Origine de la paroisse de Félines-d'Hautpoul et de son église.

Avant de raconter par quels moyens le Saint-Siège réussit enfin à introniser sur le siège de Narbonne un prélat de tous points irréprochable, il nous faut suivre l'abbé Frotard dans diverses missions particulières que lui valurent l'estime des principaux de la province et la confiance du Souverain-Pontife. Après la tenue du concile de Girone de l'an 1078, notre abbé repassa les Pyrénées pour présider un plaid qui fut tenu au diocèse d'Agde, à propos d'un domaine nommé Palais, situé dans ce diocèse, et dont l'abbé de Conques en Rouergue et Bermond de Sauve se disputaient les droits, les charges et certaines redevances.

Ce village de Palais avait déjà donné lieu à un grand différend, qui fut jugé en 1013 dans la cathédrale de Béziers, en présence de plusieurs seigneurs de la province et des abbés Étienne de Saint-Aphrodise et Gualcaron de Saint-Jacques. Les adversaires étaient Bernard marquis d'Anduze et Richard vicomte de Milhau, lesquels avaient épousé les deux sœurs, Garsinde et Senegonde, filles de Guillaume vicomte de Béziers.

Les deux beaux-frères réclamaient chacun pour sa femme le village de Palais, soutenant tous les deux que, dans le temps qu'il entreprit le voyage de Rome, Guillaume leur avait attribué personnellement le lieu de Palais.

Les raisons des deux parties étant à peu près égales, les juges leur proposèrent un accommodement qui fut accepté de part et d'autre. Garsinde compta deux cents sols à sa sœur Senegonde, et resta ainsi dans la paisible possession de Palais.

Elle fit ensuite rebâtir, de concert avec Bernard son mari, l'église du village, et ils la firent dédier, le 22 août 1024, par Étienne évêque d'Agde. Cette église vint depuis au pouvoir de l'abbaye de Conques en Rouergue, qui possédait déjà quelques domaines à Palais, par la donation que Raymond II, comte de Rouergue et marquis de Gothie, lui en avait faite.

Bermond d'Agde (1), d'après le témoignage des savants auteurs de l'*Histoire de Languedoc*, descendant de la maison de Sauve, qui est une branche de celle d'Anduze, prétendait donc faire valoir, selon toute probabilité, les droits qu'il tenait des fondateurs de l'Église, autrefois seigneurs du lieu de Palais ; et méconnaissant la donation faite à l'abbaye de Conques par le marquis de Gothie, véritable suzerain de Palais, il en disputait aux abbés de Conques le domaine utile. C'est une occurrence qui dans l'histoire du temps est excessivement fréquente.

L'abbé de Conques et Bermond, ne pouvant s'entendre sur leurs droits respectifs, convinrent de s'en rapporter à la décision de l'abbé Frotard, de Matfred évêque de Béziers, et de plusieurs seigneurs laïques. Mais, la décision rendue, Bermond se refusa à l'exécuter; ce qui obligea Raymond de Saint-Gilles, en sa qualité

---

(1) M. Fisquet, dans sa *France pontificale* (art. *Frotard*), fait de ce Bermond un évêque d'Agde ; mais l'évêque d'Agde ne s'appelait pas Bermond, mais Bérenger, en l'an 1079.

de marquis de Gothie, à faire le dégât sur le domaine du récalcitrant. Bermond décéda peu après, et son fils Pierre s'accommoda avec l'abbé de Conques. Cet arbitrage à peine terminé, une lettre du pape saint Grégoire VII appelait Frotard au-delà des Pyrénées.

Raymond Bérenger Ier, comte de Barcelone, venait de mourir, et ses deux fils, Raymond Bérenger II et Bérenger-Raymond, divisés d'intérêts au moment du partage, semblaient prêts à en venir aux mains.

C'était une conjoncture déplorable et qu'il fallait empêcher à tout prix. Il ne faut pas oublier, en effet, que presque tout le versant méditerranéen de l'Espagne appartenait aux Arabes, et notamment la vallée de l'Èbre, pour la plus grande partie, sur les confins du comté de Barcelone. Ni Sarragosse, ni Tortose, ni Huesca, n'étaient encore conquises sur les infidèles. Il était donc à craindre que la mésintelligence et la guerre entre les fils du comte de Barcelone, en divisant et affaiblissant inutilement la Marche d'Espagne, n'offrissent une proie facile aux Sarrasins. Il pouvait arriver, d'ailleurs, ce que l'Espagne avait vu une première fois, pour son malheur irréparable, par le fait du comte Julien, que, dans son dépit et par un simple désir de vengeance, le vaincu n'introduisît lui-même, en les appelant à son secours, les bandes musulmanes dont la Catalogne n'avait pas toujours été préservée, malgré les efforts et l'énergie des gouverneurs francs devenus seigneurs de la contrée.

Aussi, dans les mêmes lettres où saint Grégoire recommande à l'évêque de Girone, aux abbés de Ripoll et de Saint-Cucufat, au légat Frotard, d'amener Guifred à résipiscence, il les adjure de réconcilier entre eux les enfants de Raymond Bérenger Ier.

« Vous devez leur inculquer fortement, dit-il,
» que, s'ils nous désobéissent et demeurent dans
» l'inimitié fraternelle, nous ôterons la grâce de
» Saint Pierre à celui qui sera cause que cette
» paix ne se fera point, et nous le retrancherons
» avec tous ses fauteurs de la société des chré-
» tiens, en sorte qu'il ne puisse plus obtenir
» désormais aucune victoire à la guerre, ni
» aucune prospérité dans le siècle. Mais pour
» celui qui consentira à la paix et rendra obéis-
» sance au Saint-Siége, nous lui accorderons la
» protection invincible de Saint Pierre. Nous
» lui procurerons toute sorte de secours pour

» obtenir l'héritage de son père, et nous ordon-
» nerons à tous les chrétiens de la région de
» l'aider et favoriser en toutes choses. »

Ce langage de saint Grégoire est parfaitement justifié par les exigences de la politique chrétienne et par la sollicitude déjà ancienne des souverains pontifes à l'égard des comtes de Barcelone. Nous savons, en effet, que le concile de Toulouse de 1056 s'était occupé d'un différend survenu entre Ermessinde de Carcassonne, comtesse douairière de Barcelone, et Raymond Bérenger Ier, son petit-fils.

Raymond Borrel, mari d'Ermessinde, mort en 1017, lui avait confié par testament l'administration de tous ses domaines, tant qu'elle vivrait en viduité. La comtesse s'était démise, sous certaines conditions, du gouvernement en faveur de son fils Bérenger; mais, Bérenger ayant été tué en Cerdagne en 1035, Ermessinde reprit en mains l'administration du comté de Barcelone et des domaines qui en dépendaient. Son fils Bérenger avait laissé deux enfants : Raymond Bérenger premier du nom et Sanche. Ce dernier, se sentant appelé à la vie religieuse, entra comme moine à l'abbaye de Saint-Pons de Thomières, où il fit profession. Nous le retrouvons plus tard en qualité de prieur de Saint-Benoît de Bages près de Manrèse, et il dut survivre à son aîné mort en 1079. Ce simple rapprochement, en nous indiquant les relations que les moines de Saint-Pons pouvaient avoir avec les comtes de Barcelone, nous aide à comprendre qu'indépendamment même de sa qualité de légat, l'abbé Frotard était idoine à travailler efficacement au rapprochement des deux frères.

Mais revenons à Ermessinde, douairière de Barcelone. Elle gouvernait sans contestation, et Raymond Bérenger Ier, son petit-fils, supporta paisiblement sa tutelle jusqu'à son mariage avec Almodis de la Marche. Excité alors par sa femme, il essaya vainement d'amener son aïeule à lui céder cette administration. Ermessinde refusa obstinément, et le petit-fils en conçut un ressentiment si vif qu'il maltraita l'aïeule! Ermessinde, indignée de ce procédé de son petit-fils, s'en plaignit vivement au pape Victor II et se mit sous la protection du Saint-Siége. Le pape commit, en conséquence, Raimbaud archevêque d'Arles et Guifred archevêque de Narbonne pour examiner cette affaire dans le concile de Toulouse, avec ordre d'excommunier, s'ils étaient coupables, le comte de Barcelone et Almodis sa femme, ce qui fut exécuté. Le Souverain Pontife confirma la sentence, et frappa du même anathème l'archevêque de Narbonne, qui, trahissant sa mission, avait embrassé les intérêts du comte de Barcelone.

Les deux frères entre lesquels portait le différend étaient, tous les deux, fils de cette même Almodis de la Marche, dont la destinée paraît singulière en nos temps de civilisation légalement assise.

Comme nous l'avons dit, elle se maria trois fois et eut chaque fois une postérité nouvelle à chaque nouvelle union. Ceux qui croient à l'hérédité des penchants ou des vertus seront bien aises d'apprendre qu'Éléonore d'Aquitaine, celle-là même qui, par son divorce d'avec Louis VII, mit en péril l'unité française au profit de la dynastie normande d'Angleterre, était une arrière-petite-fille d'Almodis de la Marche, ainsi que nous le verrons un peu plus loin.

La querelle s'élevait sur les acquisitions des comtés de Carcassonne, Rasez et Lauraguois, que Raymond Bérenger l'aîné voulait garder pour lui seul, soit parce qu'il était l'aîné, soit parce que son nom figurait sur les actes d'achat de 1071. Ils s'accordèrent enfin pour faire entre eux un partage équitable ; et, en considération des soins que l'abbé Frotard avait mis dans cette affaire de réconciliation, les deux frères, d'un commun accord, lui donnèrent la moitié du château de Peyriac-Minervois, la moitié de l'église paroissiale de Saint-Étienne, etc. (1).

Mais ces princes ne restèrent pas longtemps possesseurs de cette acquisition de leur père. Le 6 de décembre de l'an 1082, Raymond Bérenger II l'aîné, surnommé Tête-d'étoupes, fut assassiné entre Girone et Saint-Saloni, laissant un héritier qui n'avait encore que vingt-six jours, dont son frère Bérenger-Raymond garda la tutelle pendant onze ans.

A la nouvelle de cette mort, Bernard Aton, vicomte de Béziers et de Nimes, s'autorisant d'une clause du testament de son aïeul Roger Ier de Carcassonne, qui, en substituant ses états à son frère Eudes, comte de Rasez, à défaut d'héritiers mâles, défendit à ses fils d'*aliéner leurs biens en faveur des étrangers*, regarda la vente consentie par ses ascendants aux comtes

---

(1) *Voir* Pièces justificatives, N° XV.

de Barcelone comme non avenue, et, par surprise ou autrement, s'empara de Carcassonne, du Rasez, du Lauraguois, et de tous les domaines jadis cédés aux comtes de Barcelone.

Il ne fut, du reste, pas le seul à courir sus aux dépouilles de Raymond Tête-d'étoupes. D'autres seigneurs de la province profitèrent de cette mort pour s'approprier diverses portions de cette succession. Nous voyons, en effet, Raymond vicomte de Minerve s'emparer du château de Peyriac-Minervois, c'est-à-dire de ce même château dont les deux frères avaient cédé gracieusement en pur don une moitié à l'abbé Frotard. Mais le légat du Saint-Siége était un homme trop considérable pour qu'on pût détenir, à son détriment, et surtout avec impunité, ce qu'il avait acquis d'une manière bien légitime.

Que la donation fût spontanée de la part du vicomte de Minerve, ou qu'elle répondît à une réclamation de l'abbé de Saint-Pons, toujours est-il que le vicomte de Minerve donna, par un acte de février 1083 (1), à l'abbaye de Saint-Pons de Thomières et à Frotard son abbé, l'alleu

---

(1) *Voir* Pièces justificatives, N° XIX.

que Pierre Raymond, vicomte de Béziers, et les comtes de Barcelone, Raymond Bérenger 1er et ses fils avaient eu au château de Peyriac dans le Minervois, et qu'ils avaient donné à cette abbaye. Matfred, évêque de Béziers, et les abbés Isarn de Caunes, Guillaume de Rosas, Pierre de Montolieu ou Valséguier furent présents à cette donation, ainsi qu'Adalbert d'Olargues et Bernard de Riols.

Au nord de ce château de Peyriac-Minervois se dresse, dernier renflement de la Montagne Noire, une élévation connue sous le nom de Montagne de la Mate, et qui sur son front méridional présente le rocher de Ventajou. Par un temps propice, le spectateur qui en a gravi le faîte, peut promener son regard, des tours crénelées de la vieille cité de Carcassonne, à l'étang de Thau, qui, au soleil levant, souligne la montagne de Cette d'un trait de joyeuse lumière. On embrasse ainsi sur le premier plan une base d'au moins cent cinquante kilomètres; tandis qu'à l'horizon plus lointain, faisant suite à la mer bleue noyée dans les vapeurs légères, l'imposante barrière de la chaîne pyrénaïque découpe le ciel de son étincelante couronne de neiges. C'est sur ce rocher que reposait le château de Ventajou, gardant la limite occidentale du Minervois.

Les seigneurs de Ventajou disparurent comme tant d'autres, exterminés dans la guerre des Albigeois ; mais à la fin du onzième siècle c'était une famille considérable et puissante : je n'en veux pour preuve que le différend qui s'éleva entre Isarn, abbé de Caunes, et Guillaume Siger *(Segerius)* de Ventajou. Le père de ce dernier, comme lui nommé Guillaume ou Wilhelm, avait donné au monastère de Caunes les taxes seigneuriales d'un village du nom de Recemir, situé au comté de Rasez (arrondissement de Limoux).

Mais, selon un abus trop fréquent dans ce siècle où la loi n'était pas protégée par une organisation sociale irrésistible, telle que nous la possédons aujourd'hui, les enfants de Wilhelm Siger n'avaient rien trouvé de mieux que de lever les taxes comme si jamais leur père ne les avait données au monastère de Caunes. L'abbé se plaignit vivement de cette usurpation, et comme les parties ne pouvaient venir à une entente amiable, on désigna trois arbitres pour prononcer sur le litige. Ce furent : Pierre évêque de Carcassonne, Frotard abbé de Saint-

Pons de Thomières, et Guillaume Pons de Carcassonne. Par leur sentence, Guillaume, Remi, Bernard et Bérenger, fils de Wilhelm de Ventajou, durent renoncer à lever les taxes du domaine seigneurial de Recimir ; mais l'abbé de Caunes, Isarn, dut leur payer la somme de cent vingt sols hugonencs (monnaie de Rouergue). Cet accord fut signé par Odon d'Oromzag (Olonzac) et Roger de Mirepoix.

Mais la guerre des Albigeois survint. Deux châteaux seuls dans le Minervois osèrent résister à Simon de Montfort : ceux de Minerve et de Ventajou. La défense fut heureuse d'abord, et Simon dut s'en retourner sans avoir pu réduire les deux forteresses. L'année suivante, les croisés revinrent en forces, le château de Minerve fut emporté d'assaut, et les défenseurs de Ventajou, effrayés du sort rigoureux qui avait atteint la garnison de Minerve, rendirent la place sans coup férir. Simon de Montfort la fit raser. Elle était uniquement bâtie de marbre, et après sept siècles écoulés, sur les flancs escarpés du rocher de Ventajou, les débris marmoréens du château gisent encore comme si la catastrophe était contemporaine et que ces remparts eussent été démantelés à une date récente. Depuis, la population qui se pressait autour de la forteresse et sous la protection de ses défenses est descendue peu à peu dans le Val d'Union, ou d'Ognon comme disent les modernes, et a formé la paroisse de Félines où ces lignes sont écrites (1).

(1) Simon de Montfort attribua Ventajou à deux de ses Croisés, Pilfort et Lambert de Turcio (Toury dans l'île de France), auxquels il avait déjà octroyé diverses terres dans la région. Ce nom de Toury s'est refrancisé dans nos parages et s'est écrit depuis Thurin ou Turin. C'est à un membre de cette famille, peut-être à Lambert lui-même, que Félines a dû la chapelle primitive qui, successivement agrandie, est devenue l'église paroissiale de Félines-Hautpoul. Voici comment l'histoire manuscrite de la maison de Rieux (Bibliothèque de Carcassonne) raconte le fait :

« Le sieur de Thurin conseigneur de Ventajou, ayant
» tué Pilfort autre conseigneur en se défendant et pour
» éviter d'être occis, par transaction faite entre parents,
» fonda la chapelle de Notre-Dame de Félines, et la dota
» de dix puis de douze livres de rente à prendre sur la
» leude de Ventajou et autres lieux pour l'entretien d'un
» chapelain, et promit d'aller l'année d'après porter les
» armes à la Terre-Sainte contre les infidèles pour expier
» son péché [1] ».

Dans la suite, une partie des territoires de Félines et Ventajou vint en fief, entre les mains d'Hugues de Grave, écuyer, dit Merle à cause d'une alliance par les femmes

[1] Cartulaire de Mahul.

avec les Bouchard de Marly. Il reste encore dans le département de l'Hérault des rejetons de cette famille qui domina longtemps à Peyriac-Minervois. Enfin, le village de Félines échut à la famille d'Hautpoul, et il était avant la révolution française la résidence patrimoniale de la branche de Félines Salettes ou Sallèles, nom des deux hameaux qui, réunis au château d'Hautpoul, composent le corps principal de la commune qu'on appelle Félines-d'Hautpoul.

On pardonnera à un habitant du pays cette petite digression sur Ventajou et Félines, pour laquelle d'ailleurs je présente au lecteur mes très-humbles excuses, et je reprends les événements de mon récit.

CHAPITRE V.

Pierre vicomte de Narbonne, archevêque intrus. — Son excommunication au concile de Toulouse (1079). — Sa déposition au concile d'Avignon (1080). — Chartes de Guillaume IV, comte de Toulouse, en faveur de l'abbé Frotard et son abbaye. — Réconciliation de Raymond de Saint-Gilles avec l'Église. — Nomination de Dalmace, abbé de Lagrasse, au siége métropolitain de Narbonne (1081). — Lettres de Grégoire VII aux comtes de Saint-Gilles et de Besalu ; — aux vicomtes et au peuple de Narbonne. — Aimeric de Narbonne épouse la fille de Robert Guiscard (1083). — Dalmace prend possession de son siége. — Quel fut le rôle présumé du légat Frotard en cette affaire.

La réconciliation des fils de Raymond Bérenger Ier étant menée à bonne fin, il fallut s'occuper du nouveau scandale que Pierre, archevêque intrus de Narbonne, donnait à la province au détriment de l'autorité pontificale.

Vicomte lui-même de Narbonne, tuteur de ses neveux les fils de Bernard, auquel, en mourant, le vicomte Bérenger avait attribué la part principale de sa succession, au détriment de l'aîné. Appuyé d'abord par Raymond de Saint-Gilles, maintenu en crédit auprès de son clergé par les munificences qu'il lui octroya dans une assemblée de 1081, à laquelle assistèrent nombre d'évêques, d'abbés et de seigneurs de la province, sa situation semblait pour ainsi dire inattaquable, et il brava d'abord en effet les excommunications de l'Église.

Ce fut Hugues de Die, légat de France, présidant en cette qualité (1) le concile de Toulouse de l'an 1079, qui lança le premier anathème contre notre intrus. Nous n'avons plus les actes de cette assemblée, mais nous avons une lettre de saint Grégoire VII qui menace les vicomtes et les habitants de Narbonne de confirmer la sentence d'excommunication que ses légats avaient prononcée au concile de Toulouse contre ceux qui désobéiraient au Saint-Siége.

Cependant cette situation, qui paraissait inexpugnable, fut tournée sans effort dès que les appuis matériels firent défaut à l'évêque Pierre.

Cette même année 1079, le frère aîné de Raymond de Saint-Gilles, Guillaume IV, comte

(1) Les actes de ce concile de Toulouse de l'an 1079 sont perdus ; mais il est infiniment probable qu'il fut présidé non seulement par Hugues de Die, mais encore par Amat et Frotard, puisque Toulouse était une ville des provinces de leur légation.

de Toulouse, que certains auteurs ont qualifié de très-chrétien, s'en vint à Rome en pèlerinage déposer aux pieds du Souverain-Pontife l'expression de sa foi et de son profond dévouement.

En revenant de la Ville éternelle, il se dirigea vers l'abbaye de Saint-Pons de Thomières, où il logea chez notre légat Frotard.

« Il fut très-édifié de la régularité des reli-
» gieux qui habitaient le monastère de Saint-
» Pons, et confirma (1), en leur faveur, la dona-
» tion que Roger II, comte de Foix, leur avait
» faite naguère de l'église de Saint-Pierre
» d'Escousse, dans laquelle le bienheureux
» Asnérius était inhumé. Guillaume permit en
» même temps aux religieux de Saint-Pons,
» monastère fondé, dit-il, anciennement et
» soumis à l'Église romaine par Pons, duc et
» comte des Aquitains, de faire des acquisi-
» tions dans les évêchés, comtés et terres de sa
» domination, et promit d'être à l'avenir leur
» défenseur. Guillaume fit solennellement cette
» promesse à la porte de l'église de Saint-Pons,
» en présence d'Ermengarde, vicomtesse de

(1) *Voir* Pièces justificatives, N° XVII.

» Béziers ; il s'offrit ensuite lui-même devant
» l'autel dédié en l'honneur du Sauveur, de la
» Vierge, de saint Pons et des autres martyrs
» et confesseurs dont on conservait les reliques
» dans ce monastère, et recommanda enfin son
» fils Pons aux prières de la communauté (1). »

Était-ce fortuitement que Guillaume IV, à son retour de Rome, avait choisi, pour s'y arrêter, le monastère de Saint-Pons de Thomières ? N'est-ce pas plutôt sur l'invitation du Saint-Père qu'il venait se rencontrer avec le légat de la Narbonnaise ?

Est-il croyable qu'ayant à portée le suzerain d'une grande partie de la Gothie, théâtre alors de ce long scandale de désobéissance au Saint-Siége que nous avons rapporté, le Souverain-Pontife ait négligé de l'édifier sur le tort et le dommage que causait, au sein de notre province, la conduite si peu mesurée des archevêques de Narbonne vis-à-vis des canons et de l'autorité de Saint Pierre.

Nous savons, du reste, que Guillaume IV fut un prince qui se rendit recommandable par sa piété et son bon vouloir pour la prospérité de la

---

(1) *Histoire générale de Languedoc.*

religion, et si l'on en juge d'après l'événement, il ne contribua pas peu à détacher son frère Raymond de Saint-Gilles, de la cause des archevêques simoniaques.

Comme pour aplanir toutes les difficultés, la Providence venait d'enlever par une mort prématurée l'héritière de Provence, pour laquelle Raymond avait bravé deux fois l'excommunication des conciles romains. Cet obstacle à tout accord avec le Saint-Siége ayant disparu, la situation allait se dénouer d'elle-même devant la condescendance de Rome, l'intervention du comte de Toulouse, et l'esprit plus mûr et désormais ramené de l'un des chefs futurs de la première croisade.

Le 16 juin de l'an 1080, Guillaume était revenu au monastère de Saint-Pons de Thomières, mais cette fois il ne s'y trouva pas seul ; Raymond de Saint-Gilles et son fils Bertrand s'y rencontrèrent. Nous connaissons avec certitude leur présence à l'abbaye par deux chartes (1) qu'ils y souscrivirent, et qui contenaient des libéralités de Guillaume IV envers l'abbé Frotard et son monastère. Dans la première, ce prince qui s'y

---

(1) *Voir* Pièces justificatives, N° XVII.

qualifie « comte et duc du Toulousain, de l'Al-
» bigeois et du Quercy, du Lodevois, du Péri-
» gord, du Carcassez, de l'Agenois et de l'As-
» tarac, confirme avec sa femme Emma la fon-
» dation de ce monastère faite autrefois par son
» bisaïeul Pons, duc des Aquitains, qui l'avait
» soumis à Saint-Pierre et à ses successeurs. Il
» donne en même temps aux religieux, à Frotard
» leur abbé et à leurs successeurs, tout ce qu'ils
» avaient acquis ou qu'ils acquerraient à l'avenir
» dans les évêchés, les comtés et les terres qui
» dépendaient actuellement de son domaine ou
» qui y seraient unis dans la suite, même les
» fiefs qu'ils avaient acquis ou qu'ils acquerraient
» de ses vassaux avec faculté de les posséder en
» alleu. Il leur donne de plus le bois d'Orzual
» situé dans le comté de Toulouse et le territoire
» de Venerque, et leur promet que lui, ses fils
» ou sa postérité, n'alièneront jamais rien de
» ce territoire qu'en faveur de l'abbaye de Saint-
» Pons, et qu'il ne le donnera à personne excepté
» à son fils ou à sa fille ; enfin, lui et sa femme
» se déclarent les protecteurs et les défenseurs
» de cette abbaye. » L'acte est souscrit après
eux par le comte Raymond, frère de ce prince,
et le comte Bertrand son neveu, fils de ce der-

nier et de l'héritière de Provence qui y donnent leur consentement.

Par l'autre acte, ce prince donne, avec Emma son épouse, à l'abbaye de Saint-Pons et à son abbé Frotard, diverses églises situées en Albigeois, tant pour son âme et celle de sa femme que pour celle du comte Pons son père et d'Almodis sa mère. Le comte Raymond, frère du susdit comte Guillaume, et le comte Bertrand, son neveu, souscrivirent encore à cette donation.

Mais ces chartes semblent n'avoir été, selon toute conjecture, que le prétexte ostensible d'une autre négociation qui se poursuivait pour faire entrer par un mariage Raymond de Saint-Gilles dans l'alliance des princes normands d'Italie, alors pleinement réconciliés avec saint Grégoire VII. Il faut remarquer, en effet, qu'Emme ou Emma, femme de Guillaume IV comte de Toulouse, était fille de Robert comte de Mortaing en Normandie, frère utérin de Guillaume le Conquérant. Il faut remarquer encore que le normand Roger, comte de Sicile, avait eu de son premier mariage avec Eremberge ou Délicia, fille de Guillaume comte de Mortaing en Normandie, une enfant du nom de Mathilde.

Robert comte de Mortaing et Guillaume comte de Mortaing étaient-ils de la même famille (1)? C'est probable, et, dans ce cas, Mathilde qu'épousa Raymond de Saint-Gilles, était une cousine d'Emme sa belle-sœur.

Quoi qu'il en soit, Gaufrid Malaterre, historien contemporain, raconte à la date de 1080 : «Raymond de Provence, comte très-
» célèbre, instruit de la réputation que le comte
» Roger (2) s'était acquise par ses exploits,
» lui envoya une ambassade solennelle pour
» lui demander en mariage Mathilde sa fille,
» princesse d'une rare beauté. Roger acquiesça

---

(1) Nous savons que Robert était frère utérin de Guillaume le Conquérant; quant à Guillaume, il était aussi de la famille des ducs de Normandie. Nous lisons, en effet, dans l'*Histoire ecclésiastique* de l'abbé Fleury : « Le premier
» évêque de Trani et de Messine fut Robert, fils du comte
» de Mortaing, de la famille des ducs de Normandie, et
» frère de Délicia, première femme du comte Roger (de
» Sicile). »

(2) Voici le jugement de Gaufrid Malaterre sur Roger, frère de Robert Guiscard : « C'était (1059) un jeune homme
» d'une beauté remarquable, d'une taille svelte quoique
» robuste, éloquent dans les conseils, plein de prévoyance
» dans l'exécution, aimable et accessible à tous, et pour-
» tant brave jusqu'à l'héroïsme sur le champ de bataille. »
(T. I, ch. 19.)

» volontiers à la demande de Raymond,
» dont les ambassadeurs, après avoir signé le
» traité et pris jour pour la célébration des
» noces, s'en retournèrent chargés de présents
» et lui annoncèrent le succès de leur négociation.
» Le comte de Saint-Gilles fit voile peu de temps
» après pour la Sicile, où le comte Roger le
» reçut avec toutes sortes de démonstrations
» de joie et d'amitié. On rédigea le contrat de
» mariage, dans lequel on fixa la dot de Mathilde,
» et Raymond l'épousa ensuite en présence des
» évêques et de tous les ordres du pays. Après
» les noces qui furent célébrées avec beaucoup
» de pompe, Roger retint quelque temps son
» beau-fils dans son île et lui fit des présents
» magnifiques. Il en fit de semblables à tous
» ceux de sa suite, et renvoya ce prince avec
» son épouse sur une flotte qu'il avait fait équiper
» exprès. »

Ce mariage, en associant Raymond de Saint-Gilles à des princes dévoués à l'Église contre les ennemis du Saint-Siège, le détachait des intérêts du métropolitain de Narbonne, et permettait à l'autorité pontificale, sûre désormais d'être délivrée de la résistance laïque, de procéder avec vigueur. Nous voyons, en effet, dès

1081, qu'en présence de l'insuccès des excommunications, le pape saint Grégoire, confirmant la sentence de déposition que ses légats avaient fulminée au concile d'Avignon de 1080 contre Pierre évêque de Rodez, soi-disant archevêque de Narbonne, procédait à une nouvelle élection. Elle fut faite en la personne de Dalmace, abbé régulier de Lagrasse, au diocèse de Carcassonne, qui fut élu ou nommé à la fin de septembre 1081. Dalmace, selon le témoignage des papes Grégoire VII et Urbain II, était également recommandable par sa piété, la pureté de ses mœurs et son talent pour la prédication.

Trois mois après, le 23 décembre 1081, le Souverain-Pontife écrivit à Raymond de Saint Gilles et à Bernard comte de Besalu pour leur recommander, d'une façon particulière, l'intronisation de Dalmace. Il commence par les louer sur l'attachement que leur maison avait toujours montré pour le Saint-Siége. Il leur marque que cet attachement leur avait toujours valu la victoire sur leurs ennemis et une grâce singulière : « C'est pourquoi, ajoute-t-il, nous
» vous prions et nous vous ordonnons, de la part
» de Saint Pierre, de venir au secours de l'église
» de Narbonne qui est depuis longtemps en proie

» aux membres du démon, et de favoriser de tout
» votre pouvoir notre frère Dalmace, qui a été en-
» fin élu et canoniquement ordonné archevêque.

» Quant à l'usurpateur, qui n'est pas entré par
» la porte comme un pasteur, mais par ailleurs
» comme un larron, qui perd et sacrifie les
» brebis de Jésus-Christ pour les donner au
» démon; résistez-lui de toutes vos forces si
» vous voulez obtenir la grâce du Dieu tout-
» puissant. Tâchez de vous rendre Saint Pierre
» propice et votre débiteur, car il peut vous
» donner et vous ôter le salut..... Il ne sait ce
» que c'est que d'abandonner ceux qui lui sont
» attachés. Il résiste aux superbes et élève les
» humbles, etc. »

Cette lettre nous prouve que Raymond de Saint-Gilles était désormais relevé de ses excommunications et réconcilié avec le Souverain-Pontife. Saint Grégoire VII ne se contenta pas de s'adresser à Raymond et au comte de Besalu; il écrivit encore au vicomte Aimeri et à tout le peuple de Narbonne. « Il leur enverrait
» volontiers, dit-il, sa bénédiction apostolique
» s'ils n'avaient pas encouru l'excommunication;
» mais il la leur enverrait dès qu'il aurait
» appris leur repentir et leur obéissance à Dal-

» mace, leur archevêque. Il ajoute qu'il leur
» avait donné ce pasteur légitime pour gouver-
» ner leur église, qui depuis fort longtemps
» était à la merci des simoniaques; et que
» Dalmace, qu'il avait confirmé et auquel il avait
» donné sa bénédiction, pourrait, par son exem-
» ple et par ses bonnes mœurs, réparer les
» maux que les mercenaires avaient causés
» parmi eux. Il les exhorte enfin à reconnaître
» celui que l'Église romaine leur avait donné,
» et à lui rendre l'obéissance qu'ils lui devaient;
» sinon il les menace de confirmer la sentence
» d'excommunication prononcée par ses légats
» dans le concile de Toulouse. »

Cette lettre, qui n'eut pas un effet immédiat, acheminait cependant les esprits à un accommodement et bientôt à une soumission entière aux décrets du pontife. La situation se détendit encore par le même moyen qui avait détaché Raymond de Saint-Gilles du parti de l'archevêque. Le comte de Barcelone Raymond Bérenger II Tête-d'étoupes étant venu à décéder, et la tutelle de son jeune enfant étant échue à son frère Bérenger-Raymond, à l'exclusion de Mathilde sa veuve; la fille de Robert Guiscard songea à se remarier. Elle épousa, vers 1083,

Aymeric le vicomte de Narbonne, et soit que les vicomtes crussent trouver par ce moyen un appui auprès du Saint-Père par les Normands de l'Italie, soit au contraire que l'intervention du légat eût amené cette alliance, ce fut une conjoncture providentielle. Nous n'avons aucune donnée certaine que ce résultat ait été obtenu par les soins du légat Frotard ; pourtant nous trouvons à cette date, parmi les chartes de l'abbaye de Saint-Pons, une donation d'un vicomte de Narbonne à l'abbé : il s'agissait du terroir de Bisont, aujourd'hui la Bastide-Rouairoux. Cette donation fut confirmée 20 ans après, lorsque le vicomte Aimeric et la comtesse Mathilde, sa femme, offrirent comme moine au monastère de Saint-Pons de Thomières leur quatrième fils Bérenger, qui depuis devint abbé de Lagrasse et archevêque de Narbonne; les trois autres fils du vicomte Aimeric, Guiscard, Bernard et Raymond, sont nommés dans cette charte.

Quoi qu'il en soit, l'influence de Mathilde dénoua la situation sans secousse et sans bruit. Sans qu'il soit aucunement parlé d'aucune négociation apparente dans les historiens du temps et même chez ceux qui ont suivi, nous voyons, dès le mois de mai (1086), **Dalmace** se démettre pour toujours de l'abbaye de Lagrasse et jouir de son archevêché. Nous savons, d'autre part, que Pierre évêque de Rodez, vicomte et archevêque de Narbonne, se démit de cet archevêché, puisque nous trouvons ce personnage reprenant dans des actes postérieurs à 1086 le titre d'évêque de Rodez, quoique le siége fût rempli par un autre. Mais du moins il avait possédé ce titre légitimement, tandis qu'il n'avait pris celui d'archevêque que par fraude et usurpation.

Sur la parole de Baronius qui affirme que Frotard rendit de grands services à l'Église, on peut conjecturer que ce fut lui qui, pendant neuf ans, mena les négociations de cette importante affaire ; on peut croire que, ne pouvant venir à bout de Guifred ou de Pierre par les armes spirituelles, le légat de Grégoire VII songea à isoler les archevêques de leurs appuis matériels. Ce résultat fut obtenu auprès de Raymond de Saint-Gilles par un mariage, et l'alliance d'Aimeric avec Robert Guiscard protecteur du Saint-Siége ne peut qu'avoir influé sur la résolution de Pierre de Rodez de se démettre du siége qu'il avait usurpé.

Ce furent deux princesses normandes, des maisons d'Italie et de Sicile, qui convertirent leurs époux au respect des décisions du Saint-Siége et à la libre application des lois canoniques au gouvernement de l'Église universelle. Aussi ne faut-il pas s'étonner si les papes Grégoire et plus tard Urbain II comblèrent les princes de Calabre et de Sicile pour les secours qu'ils en avaient reçus.

CHAPITRE VI.

Sixième Concile de Toulouse (1079). — Déposition de Bertrand évêque de Maguelone. — Frotard souscrit à l'acte de réconciliation des comtes de Melgueil avec les seigneurs de Montpellier. — Pierre, comte de Melgueil, offre son fils Pons à l'abbé Frotard et à l'abbaye de Saint-Pons de Thomières. — Aventures de Pons de Melgueil. — En présence des évêques d'Albano et de Maguelone ainsi que de l'abbé Frotard, Pierre de Melgueil se reconnaît vassal du Saint-Siége (1085). — Arbitrage de Frotard et des évêques de Carcassonne et de Cahors entre les chanoines de Saint-Sernin, d'un côté, et Isarn évêque de Toulouse, Hunaud abbé de Moissac et Guillaume IV comte de Toulouse, de l'autre. — L'évêque de Toulouse Isarn donne à l'abbé Frotard le lieu de Lavaur avec l'église de Saint-Alain, érigée plus tard en cathédrale par Jean XXII.

Il est infiniment regrettable que les actes du concile de Toulouse de l'an 1079, qui fut le sixième de Toulouse, soient perdus, au moins pour notre abbé de Saint-Pons, qui se trouve mêlé à nombre d'affaires dont il fut traité dans ce concile. Nous avons vu que saint Grégoire VII, dans sa lettre aux habitants et au vicomte Aymeric de Narbonne, mentionne cette assemblée. Il en est aussi question dans un acte de l'an 1081 par lequel Raymond Guillaume de

Marquefave et ses tenants opèrent une restitution à l'abbaye du Mas d'Azil dans le Toulousain.

Outre l'archevêque intrus de Narbonne, ce concile, auquel présida Hugues de Die, assisté selon toute probabilité d'Amat et de Frotard, légats de la Narbonnaise et par conséquent de la province qui avait au nombre de ses suffragants l'évêque de Toulouse, ce concile déposa certains évêques, entre autres Frotard évêque d'Albi et Bertrand évêque de Maguelone.

Ce dernier, prélat simoniaque et dissipateur des biens de son église, semble s'être maintenu quelque temps, grâce à l'indifférence de Pierre de Melgueil comte de Substantion. En effet, son successeur Godefroy, nommé en l'an 1080, ne fut sacré que deux ans après par Dalmace, archevêque de Narbonne, qui n'avait été lui-même élu qu'en septembre 1081.

Il est certain qu'à la fin de l'année 1079, Bertrand, évêque de Maguelone, souscrivit deux actes (23 juillet et 9 août), par lesquels Pierre de Melgueil et sa femme Almodis abandonnent à l'église de Maguelone, moyennant une compensation pécuniaire, les droits de douane ou autres qu'ils avaient sur les navires abordant l'île ou la côte de Maguelone.

Mais, à partir de ce moment, nous ne trouvons plus son nom au bas des actes où l'on serait en droit de le rencontrer : par exemple, dans un accord qui fut fait l'an 1080, entre Pierre comte de Substantion et Guillaume IV seigneur de Montpellier, longtemps divisés et ennemis, enfin réconciliés, peut-être au détriment de Bertrand. Car, si nous ne trouvons pas le nom de Bertrand au bas de l'acte, nous y trouvons la signature de l'abbé de Saint-Pons de Thomières, notre Frotard, et celle de Pons prévôt de Maguelone.

Il était de toute nécessité, en effet, si les légats ne voulaient pas voir à Maguelone un scandale semblable à celui de la métropole de la province, d'empêcher que l'évêque de Maguelone déposé pût se maintenir sur son siége par la protection de la puissance séculière. Il fallait donc lui enlever l'appui de Pierre de Melgueil ainsi que celui du seigneur de Montpellier. Dans l'état de division de ces deux seigneurs, il était facile de comprendre que ni l'un ni l'autre n'eût refusé le secours efficace et l'alliance de l'évêque de Maguelone, et, par réciprocité, eût contribué à le maintenir sur son siége. Mais la réconciliation du comte de Substantion et de Guillaume de Montpellier, enlevait à l'évêque déposé, tout espoir de résistance, d'autant plus que le légat Frotard intervenant dans cette réconciliation devait nécessairement agir en faveur de la sentence de déposition.

Du reste, les rapports de Pierre de Melgueil et de sa femme Almodis, sœur des comtes de Toulouse et de Saint-Gilles, avec l'abbé de Saint-Pons de Thomières, sont des mieux établis. Nous avons, en effet, une charte du mois de février 1082 (1), par laquelle le comte de Melgueil donna au monastère de Saint-Pons de Thomières et à l'abbé Frotard l'église de Saint-Martin de Casello qu'on appelle Balaruc (2), située dans

---

(1) *Voir* Pièces justificatives, N° XVIII.

(2) Le nom de *Balaruc* est plus ancien que celui de *St.-Martin de Casello*; plusieurs savants ont voulu y découvrir un vocable phénicien. Quoi qu'il en soit, un fragment d'inscription, des médailles en quantité et les fondements de quelques édifices découverts à cet endroit laissent supposer une station thermale qui remonterait aux Romains; mais le souvenir en était perdu. On voit, par l'acte d'inféodation que le Chapitre de Montpellier fit du lieu de Balaruc en 1509, que ce n'était alors qu'une source d'eau chaude au milieu d'un champ inculte et couvert de joncs. Ce fut la guérison du seigneur de Poussan (1569), auquel le fameux médecin Rondelet conseilla l'usage de ces eaux, qui commença leur réputation: ces eaux sont très-efficaces dans les dégénérescences particulières des viscères abdominaux. (Notes de Dumège, *passim*.).

le diocèse de Montpellier et sur le bord de l'étang qui longe la côte, endroit célèbre par ses eaux minérales. Cette donation eut lieu peut-être à cause du jeune Pons, fils du comte Pierre et de la comtesse Almodis, que ce comte donna à l'abbé Frotard et au monastère de Saint-Pons pour y être religieux. On n'ignore pas que l'abbaye de St.-Pons de Thomières avait été fondée par le trisaïeul maternel de ce jeune prince.

Pons de Melgueil, moine de Saint-Pons de Thomières, quitta plus tard cette abbaye pour entrer dans celle de Cluny, et il était encore assez jeune lorsque, en l'année 1109, il fut appelé par l'élection à succéder à saint Hugues, abbé de Cluny. Il gouverna ce monastère pendant près de douze ans, et puis, profitant d'une difficulté avec ses moines qui l'avait amené à Rome au tribunal du Souverain-Pontife, quoi qu'on pût lui objecter, il se démit de sa dignité et accourut en Terre-Sainte, où la gloire conquise par ses oncles et par un grand nombre des membres de sa famille semblait l'attirer avec véhémence. Mais là, il fut loin de rencontrer ce qu'il avait rêvé, et il regagna bientôt l'Europe, où, après un essai de fondation cénobitique qu'il abandonna pour réclamer la dignité abbatiale de son ancien monastère, il vint périr misérablement à Rome, victime de son imagination trop vive et de la hauteur de son caractère, que quelques missions heureuses pour les Souverains Pontifes, auprès des empereurs d'Allemagne, avaient encore rendu plus acerbe et plus intraitable.

Nous savons aussi que lorsque Pierre, comte de Substantion et de Melgueil, soumit son comté et l'évêché de Maguelone à l'Église romaine, « il donna par son anneau, au nom
» de Saint Pierre et du Pape, l'investiture du
» comté et de l'évêché à Pierre évêque d'Albano,
» légat du Saint-Siége, à Godefroy évêque de
» Maguelone, et à Frotard abbé de Saint Pons,
» qui étaient présents (1). »

Il est évident que, quoique Frotard ne soit pas traité de légat dans cette charte, il l'était néanmoins, et que ce fut probablement à son influence que le Saint-Siége dut ce nouveau vassal.

Si l'on doit en croire les savants auteurs de l'*Histoire générale de Languedoc*, c'est encore devant ce concile de l'an 1079 que fut

(1) *Voir* Pièces justificatives, N° XXI.

examinée une contestation élevée entre les chanoines de Saint-Sernin de Toulouse et les religieux de Moissac qui, sous le couvert des comtes de Toulouse, s'étaient emparés d'une église appartenant aux chanoines. Cette affaire, qui se compliqua d'un conflit des chanoines de Saint-Sernin avec Isarn évêque de Toulouse, eut alors un grand retentissement. D'un côté, les chanoines de Saint-Sernin, se réclamant du Saint-Siége et déclarant que leur église lui était immédiatement soumise, avaient imploré la protection de saint Grégoire VII, qui les soutint et leur accorda un privilége qu'on croit être l'exemption de la juridiction épiscopale ; d'un autre, l'abbé de Moissac Hunaud ou Hunald et l'évêque de Toulouse Isarn, qui, ne pouvant venir à bout de la résistance des chanoines soutenus par saint Grégoire, imaginèrent de donner l'église de Saint-Sernin de Toulouse à l'abbaye de Cluny, par le moyen d'un concordat passé entre l'évêque et l'abbé de Moissac. Cet abbé de Moissac était cousin de Bernard comte de Besalu, et il était de la maison de Béarn. Son frère Centulle était vicomte de Béarn, et, dans le siècle, Hunald avait été vicomte de Brulhois, qui était sa portion d'héritage. « Il

» était doué de toutes les qualités propres à le
» faire distinguer dans le monde, et était sur-
» tout fort considéré pour sa probité, sa sagesse
» et son éloquence. Il sacrifia tous ces avantages
» temporels pour se consacrer au Seigneur,
» dans l'abbaye de Moissac, où il prit l'habit
» monastique en 1062. »

L'évêque de Toulouse et l'abbé de Moissac pensaient, en donnant l'église de Saint-Sernin à l'abbaye de Cluny, de ruiner la cause des chanoines auprès du Souverain-Pontife, en leur opposant le crédit que saint Hugues, abbé de Cluny, avait auprès de saint Grégoire VII; tandis que le comte de Toulouse Guillaume IV leur prêterait l'appui de la puissance séculière. Ainsi fut-il fait. Guillaume IV, plein de zèle pour l'introduction des moines de Cluny à Saint-Sernin, chassa les chanoines par la violence; ce dont le Pape se plaignit très-vivement au comte; ce que blâmèrent aussi très-ouvertement le cardinal Richard abbé de Saint-Victor de Marseille, Hugues de Die archevêque de Lyon, Dalmace archevêque de Narbonne et saint Hugues de Cluny lui-même. Le comte de Toulouse, tout décontenancé par cette unanimité de désapprobation, réintégra les chanoines à

Saint-Sernin en présence de l'évêque de Cahors, de l'évêque de Carcassonne et de l'abbé Frotard, ainsi que le porte la charte de réintégration. Ces trois commissaires étaient probablement désignés par le Saint-Père pour veiller à la restauration des chanoines dans leur église. Le comte de Toulouse révoqua aussi l'acte qu'il avait passé avec l'évêque Isarn et l'abbé Hunald, et par lequel il avait promis à Isarn de ne jamais l'inquiéter « quand même le pape ou son légat useraient d'excommunication pour l'y obliger »; il annulle cet acte et le déclare faux. Mais Isarn et Hunald ne se tinrent pas pour battus; ils entreprirent aussitôt le voyage de Rome, et, sur les plaintes qu'Isarn adressa à saint Grégoire VII du privilége qu'il avait accordé aux chanoines de Saint-Sernin, à son insu et sans sa participation, ce grand Pontife, qui eut au plus haut point l'esprit de gouvernement et le respect le plus profond de toute autorité, révoqua ce privilége en présence de Dalmace archevêque de Narbonne, de l'archevêque d'Auch et de plusieurs autres personnages de la Cour romaine.

Ce conflit de l'évêque de Toulouse avec les chanoines de Saint-Sernin ne fut pas tellement assoupi par ces satisfactions mutuelles, qu'il ne se réveillât à la première occasion, et ce fut la reconstruction de l'église de Saint-Sernin qui la fournit. Cette église, qu'on avait commencé de réédifier en l'an 1060, ne fut terminée qu'en 1096, et l'on nous permettra de citer, à ce propos, un trait des actes de charité chers au moyen âge :

Saint Raymond, chanoine de Saint-Sernin, quitta le siècle après la mort de sa femme et employa sa fortune assez considérable à trois œuvres principales de charité : 1º la construction d'un pont au confluent du Lers et de la Garonne ; 2º la fondation d'un hôpital pour l'entretien de trente pauvres ; et enfin 3º, le chœur de la nouvelle église de Saint-Sernin étant fini, il conduisit de ses deniers le reste du bâtiment depuis les fondements jusqu'au-dessus des fenêtres.

Dès que l'église nouvelle put être livrée au culte, l'évêque réclama la quatrième portion des oblations qu'on y recueillait. Les chanoines repoussèrent hautement cette prétention, et le litige fut porté devant Urbain II, qui avait consacré ladite église de Saint-Sernin le 24 de mai de cette présente année 1096, et qui en ce moment présidait au concile assemblé dans la ville de Nimes.

L'évêque de Toulouse, appuyé de Guy archevêque de Vienne, qui devint pape sous le nom de Calixte II, ainsi que du vieil abbé Frotard, soutint ses droits avec beaucoup de chaleur, en sorte que le Pape n'osa pas le condamner; mais l'ayant pris en particulier dans sa chambre après la séance, le Souverain-Pontife, appuyé du comte de Toulouse qui était alors Raymond de Saint-Gilles, lui persuada de céder, et le Concile décida ensuite en faveur des chanoines de Saint-Sernin.

Cette décision fut confirmée par une bulle d'Urbain II, donnée le 22 juillet à l'abbaye de Saint-André sur le Rhône vis-à-vis d'Avignon. Par cette bulle, le Pape, après avoir confirmé ce qui avait été arrêté dans le concile de Nimes en faveur des chanoines de Saint-Sernin, accorda en même temps divers privilèges à leur église, en considération de ce qu'il l'avait consacrée de ses propres mains.

Quelque temps après, en reconnaissance des services que Frotard lui avait rendus dans cette longue affaire, Isarn donna à l'abbaye de Saint-Pons de Thomières l'église de Saint-Elan ou

Alain, située auprès de la rivière d'Agout et du château de Lavaur. Cette église était détruite lorsque l'évêque Isarn et ses parents les châtelains de Lavaur la donnèrent aux religieux de Saint-Pons, à la charge de la faire rebâtir et d'y construire un village : ce que ceux-ci exécutèrent. Ainsi, la ville de Lavaur doit en quelque sorte son origine à l'abbaye de Saint-Pons, qui y établit un prieuré conventuel dans l'église de Saint-Elan, lequel fut érigé en chapitre séculier et en évêché par le pape Jean XXII. — L'église cathédrale de Saint-Alain ou Elan se trouve aujourd'hui dans l'enceinte de la ville.

CHAPITRE VII.

Plaintes de l'archevêque de Narbonne et de l'évêque de Barcelone contre l'abbé Frotard. — Légation du cardinal Raynier. — Frotard fait le voyage de Rome (juin 1089). — Primatie des archevêques de Tolède. — Rétablissement canonique de l'ancienne Tarragonaise. — Frotard assiste au concile de Plaisance où le pape Urbain convoque tous les anciens légats (1095). — Voyage d'Urbain II à travers la province (1096). Il célébra la fête de saint Jean-Baptiste chez les religieux de Saint-Pons de Thomières, et celle des saints Pierre et Paul dans la cathédrale de Maguelone. — Mort de Dalmace archevêque de Narbonne.

Saint Grégoire VII étant mort, son successeur Didier, abbé du Mont-Cassin, qui est connu sous le nom de Victor III, ne fit que passer sur la chaire de Saint-Pierre, et ce fut un ancien moine de Cluny qui, sous la dénomination d'Urbain II, monta sur le trône pontifical.

Appelé à Rome par le pape saint Grégoire, le moine de Cluny s'y était pénétré des mêmes idées de réforme et d'unification de l'Église universelle que son bienfaiteur.

Aussi, à peine sur le siège apostolique, dans

la lettre même où il notifiait son avènement à la tiare, il manifesta son intention bien arrêtée de marcher sur les traces de saint Grégoire et de poursuivre l'œuvre qu'il avait si énergiquement commencée. Les mêmes hommes qui, sous Grégoire VII avaient secondé si efficacement la Papauté de leur sainteté et de leurs lumières, furent accueillis avec faveur et maintenus dans leurs légations. Tels furent Hugues de Die, devenu archevêque de Lyon ; Amat, ancien évêque d'Oléron, aujourd'hui archevêque de Bordeaux ; le cardinal Richard, abbé de Saint-Victor de Marseille. Ces deux derniers, au concile de Toulouse de 1090, se qualifient de vicaires de l'Église romaine, et sont nommés les premiers en cette qualité parmi les pères qui fulminèrent l'anathème contre les usurpateurs des biens de l'Église de Béziers.

Cependant cette année 1090 vit arriver de Rome, pour la Gaule Narbonnaise et l'Espagne, un nouveau légat, le cardinal Raynier. Il lui était recommandé de ne point descendre chez l'abbé de Saint-Pons de Thomières, contre lequel des plaintes très-vives s'étaient élevées de la part de Dalmace archevêque de Narbonne et de Bertrand évêque de Barcelone.

L'archevêque Dalmace s'était plaint au Saint-Père que Frotard, abbé de Saint-Pons, appuyé des puissances du siècle, envahissait les églises de sa juridiction, admettait à la communion ceux qu'il avait excommuniés sans exiger d'eux qu'ils reçussent l'absolution, et il avait fait sacrer un évêque à Jacca (1) sans sa participation. Bertrand évêque de Barcelone l'accusait d'avoir chassé de l'abbaye de Saint-Cucufat, dépendant de son église, un abbé qu'il y avait établi.

Le pape Urbain, en renvoyant à son légat Raynier l'examen et la décision de tous ces différends, lui écrit d'ordonner à l'abbé de Saint-Pons, homme, ajoute-t-il, qui est dans une grande réputation de sainteté, de donner satisfaction à l'archevêque, de ne plus user sans sa permission du droit épiscopal, en un mot, de le respecter comme son évêque et d'entretenir la paix avec lui.

Bien plus, le Souverain-Pontife écrivit à notre abbé avec cette suscription bien propre à nous faire admirer l'humilité du Saint-Père et la considération dont jouissait l'abbé Frotard :

---

(1) Jacca ou Yacca, ville d'Aragon, sur la rivière d'Aragon, qui est un affluent de l'Ebre.

Fratri nostro Frotardo, à notre frère Frotard. Il lui fait part des plaintes que l'archevêque de Narbonne et l'évêque de Barcelone portaient contre lui; il lui marque qu'il avait renvoyé la décision de ces affaires à son légat, auquel il ordonne d'obéir sans en appeler de nouveau au Saint-Siége. A la fin de la lettre, il l'exhorte paternellement à rendre à l'archevêque le respect qui lui était dû et à honorer ce prélat comme son évêque et son père spirituel.

Pour comprendre la querelle qui s'élevait tout-à-coup entre l'archevêque de Narbonne, l'évêque de Barcelone et l'abbé de Saint-Pons de Thomières, il nous faut entrer dans quelques détails.

Dès que la nomination d'Urbain II fut connue dans la province, l'abbé Frotard songea à faire le voyage de Rome, soit pour accomplir son pèlerinage de dévotion au seuil des Apôtres, soit pour traiter de quelque affaire de sa légation. Le Pape le reçut affectueusement et, le 1er juillet 1089, fit expédier une bulle en faveur du monastère de Saint-Pons de Thomières, qu'il exemptait de la juridiction épiscopale et qu'il enrichissait de plusieurs autres prérogatives. Or, soit qu'ils eussent entrepris ensemble le voyage, ce qui est probable, soit qu'ils y fussent venus séparément, l'abbé de Saint-Pons de Thomières, l'évêque élu d'Elne Artaud et l'évêque d'Ausone Bérenger, le même qui assistait au concile de Girone de 1078, se rencontrèrent à Rome.

L'évêque d'Ausone avait conçu le projet de rétablir l'archevêché de Tarragone et de soustraire par conséquent la Marche d'Espagne à l'autorité métropolitaine de Dalmace archevêque de Narbonne. Tarragone n'était alors qu'une ruine, dont, en 1050, Raymond Bérenger 1er, le mari d'Almodis, s'était emparé sur les Sarrasins.

Ce n'était point la première fois que ce projet était mis en avant par les évêques d'Ausone. En effet, vers l'an 970, Borrel comte de Barcelone et duc de la Gothique (*dux Gothicæ*), ayant fait son voyage de Rome, avait obtenu du pape Jean XIII qu'on expédiât en faveur d'Aton évêque d'Ausone une bulle qui soumettait à ce prélat, comme métropolitain, les anciens évêchés suffragants de Tarragone. Ce projet n'eut pas de suite, car les évêques de la Marche d'Espagne continuèrent à reconnaître Narbonne comme métropole.

Bien plus, Césaire abbé de Sainte-Cécile de

Montserrat (1) faisait aussi d'actives démarches pour s'ériger en métropolitain de la Tarragonaise. Ayant entrepris, en 971, un voyage à Compostelle où se trouvait réuni en ce moment un concile des évêques de Galice, il leur persuada de l'ordonner archevêque de Tarragone ; ce qu'ils firent.

Mais, à son retour en Catalogne, il trouva tout le monde hostile à ses prétentions, et

(1) Le Montserrat est une montagne isolée de la chaîne des Pyrénées, qui se dresse au nord-ouest de Barcelone, à douze cents mètres d'altitude. Elle recèle, dans une échancrure de son sommet, à côté d'une source qui jaillit du rocher, un monastère célèbre dans toute l'Espagne. L'antique construction, ruinée en partie pendant les guerres du commencement de ce siècle, renferme, avec ses huit étages et ses divers corps de logis, mille chambres pour les pèlerins. Chaque étage communique de plain pied avec des jardins disposés au flanc de la montagne ; à la hauteur du huitième, une allée bordée de verdure conduit à une vaste citerne gardée tout autour d'une rampe de fer.

Si l'on se détourne du réservoir pour regarder à l'orient, l'œil suit à travers la plaine les méandres du Llobregat, qui se perd à l'horizon dans les flots brillants de la mer Méditerranée.

Le couvent de Sainte-Cécile, aujourd'hui disparu, s'élevait non loin du monastère actuel ; mais les traditions ont survécu à cette ruine. C'est encore de ce couvent que sortent la plupart des organistes de la région. On y donne l'éducation musicale à un grand nombre d'enfants, qui, dès quoiqu'il se fondât principalement sur ce qu'il avait été ordonné devant le corps de saint Jacques apôtre de l'Espagne, les évêques de la province, soutenus d'Aimeric archevêque de Narbonne, refusèrent de reconnaître sa dignité en faisant ressortir l'inanité de son argumentation.

Tels étaient les précédents lorsque Bérenger évêque d'Ausone s'adressa à Urbain II.

L'état de l'Espagne réclamait alors la plus vigilante sollicitude de la part des Souverains Pontifes.

L'empire arabe, ébranlé, à son tour, par les attaques réitérées des croisades chrétiennes, fléchissait de toutes parts et reculait vers l'Afrique, abandonnant aux chrétiens vainqueurs, l'une après l'autre, les villes importantes de la péninsule.

l'âge le plus tendre, sont familiarisés avec toutes sortes d'instruments, comme on peut s'en convaincre tous les jours en assistant à la procession qui se fait autour du monastère.

On arrive au Montserrat par la station de Monistrol sur le chemin de fer de Barcelone à Sarragosse, non loin de Manresa. Le couvent de Montserrat, célèbre encore par le souvenir de saint Ignace de Loyola, attire tous les ans un concours individuel de pèlerins qui dépasse le chiffre de 60,000.

Mais, pour maintenir les conquêtes faites sur les Musulmans, il fallait, en les refoulant, organiser au fur et à mesure des centres de résistance, et rien ne pouvait y contribuer plus efficacement que l'établissement, à côté de la puissance militante, de l'autorité ecclésiastique, à la voix de laquelle l'univers chrétien allait se précipiter sur les terres de l'Islam. Le Saint-Siége n'y avait pas manqué.

Après plus de trois cent cinquante ans de domination musulmane, la ville de Tolède était tombée au pouvoir des chrétiens (1085). Les Souverains Pontifes n'hésitèrent pas un instant à rétablir à Tolède le siége métropolitain d'autrefois au profit de Bernard d'Agen, moine bénédictin de la réforme de Cluny. Cette prise de Tolède avait profondément humilié et effrayé les Arabes d'Espagne. Convaincus de l'imminence du péril que courait leur domination, après quelque temps d'hésitations et d'attente, voyant la fortune constamment adverse, ils avaient abdiqué toutes leurs répugnances à appeler à leur secours leurs rivaux de la côte Africaine, et une armée d'Almoravides (hommes dévoués à Dieu) s'avança vers la frontière des états chrétiens. Alphonse VI, roi de Castille, qui assiégeait Sarragosse, abandonnant ce siége en toute hâte, rassembla toutes les forces qu'il put et essuya une grande défaite à Zalacca (1085).

C'est sur ces entrefaites que Bernard archevêque de Tolède s'achemina vers Rome, croyant qu'il lui suffirait de voir un moment saint Grégoire VII pour en obtenir le pressant secours que réclamaient les affaires d'Espagne ; et pendant qu'Alphonse de Castille, aidé par la croisade d'Henri et de Raymond de Bourgogne auxquels s'était joint Raymond de Saint-Gilles, refoulait l'armée musulmane précédemment victorieuse, Bernard, arrivant à Rome, trouvait Urbain II sur le saint-siége, et se voyait, malgré le péril que courait en ce moment sa ville métropolitaine et peut-être à cause de ce péril, promu à la primatie de toute l'Espagne.

Tel était le courant de la politique pontificale lorsque l'évêque d'Ausone demanda le rétablissement de la métropole Tarragonaise, sise, elle aussi, sur la ligne de démarcation de la bataille des deux croyances.

L'abbé Frotard, instrument docile des idées du grand pontife qui l'avait honoré du titre de légat, et légat encore dans la Narbonnaise, pouvait mieux que personne, se trouvant à Rome, justifier l'opportunité de cette érection, et il en fut l'avocat convaincu.

D'ailleurs, la longue résistance opposée au Saint-Siége, à ses légats, à ses excommunications par les métropolitains de Narbonne, laissait supposer qu'avec une province moins étendue le scandale donné par les métropolitains de la Narbonnaise eût été moindre ; aussi le pape Urbain prêta une oreille favorable aux sollicitations de l'évêque d'Ausone.

Il écrivait le 1er juin 1089 une lettre collective à Bérenger-Raymond comte et marquis de Barcelone, à Bernard comte de Besalu, à Ermengaud comte d'Urgel, tous les trois amis de Frotard, ainsi qu'aux autres seigneurs laïques et ecclésiastiques du pays. Après l'éloge de Bérenger, l'évêque d'Ausone, le Souverain-Pontife dit « qu'il a résolu de relever la dignité
» de l'église de Tarragone, archevêché autre-
» fois enrichi de prérogatives et priviléges par
» le Siége apostolique. Dans cette vue, il les
» exhorte à rebâtir auparavant cette ville pour
» la mettre en état d'avoir un siége épiscopal,
» et les charge de ce soin en compensation de

la pénitence qu'ils devaient faire pour leurs péchés. Si quelqu'un d'entre eux veut entreprendre le pèlerinage de Jérusalem ou tout autre, qu'il emploie au rétablissement de l'église de Tarragone l'argent qu'il eût dépensé dans ces voyages, *afin*, dit-il, *que cette ville puisse servir de boulevard contre les Sarrasins.* Il leur accorde les mêmes indulgences qu'ils gagneraient en faisant ces divers pèlerinages, et promet de rendre, après ce rétablissement, à l'église de Tarragone son ancienne dignité, sauf cependant la justice qui est due à l'église de Narbonne. Mais, si l'archevêque de cette dernière ville ne peut pas prouver que la province de Tarragone est soumise à son autorité en vertu d'un privilége du Saint-Siége, nous remettrons alors celle de Tarragone dans ses droits et nous accorderons le pallium à l'évêque Bérenger. »

Cette bulle d'Urbain II n'eut pas été plutôt rendue publique en deçà des Alpes, que l'archevêque Dalmace et Bertrand évêque de Barcelone éprouvèrent un mécontentement très-vif. L'évêque de Barcelone, parce que sa ville, capitale des Marches d'Espagne, par le rétablissement de l'archevêché, tombait au second rang ; puis, parce que Tarragone, située non loin de sa ville épiscopale, sur la côte maritime, était infiniment plus à sa portée qu'à celle des évêques d'Ausone relégués dans la haute Catalogne ; et qu'à rattacher la dignité de métropolitain à un siège déjà existant, ce n'était pas le petit évêché d'Ausone perdu dans la montagne qu'il fallait choisir, mais celui qui, limitrophe et déjà résidence de l'autorité séculière, pouvait se prêter avec plus d'efficacité à une action commune dans la guerre incessante qui se poursuivait. Cette argumentation de l'évêque de Barcelone ne devait prévaloir que plus tard. En effet, nous savons qu'après la mort de Bérenger d'Ausone, qui, comme nous allons le voir, réussit à se faire attribuer l'autorité métropolitaine, le comte de Barcelone donna le territoire et la ville de Tarragone à l'évêque de Barcelone, Oldegaire, que la province de Catalogne a placé dans ses dyptiques. Saint Oldegaire fit confirmer cette donation, qui est de 1117, par le pape Gelase II. Ce pape transporta (21 mars 1118) aux évêques de Barcelone le titre et la dignité de métropolitains de la Tarragonaise avec le pallium, et y ajouta même l'évêché de Tortose, si les chrétiens la repre-

…aient et jusqu'à ce que cette ville fût pourvue d'un évêque.

En attendant, l'évêque Bertrand ne montra que peu d'empressement à entrer dans les vues du Saint-Siège. On croit même que non-seulement il fit quelque difficulté de se soumettre au nouvel archevêque de Tarragone, même après le rétablissement canonique de la métropole, mais encore qu'il continua de reconnaître pour son métropolitain celui de Narbonne. Tout cela n'est pas suffisamment prouvé, et la conséquence qu'on pourrait tirer de sa présence au concile de Narbonne, que Dalmace convoqua au mois de mars de 1091, à son retour de Rome, n'est pas légitime; car le rétablissement canonique du siège de Tarragone ne remonte qu'en juillet de la même année.

La surprise de Dalmace se comprenait beaucoup mieux; car il était par trop évident, si on lui enlevait cinq ou six sièges suffragants, qu'on amoindrissait le prestige de sa métropole en diminuant l'étendue de sa juridiction. De plus, si les archevêques de Narbonne avaient démérité, ce ne pouvait être à lui à en supporter les conséquences. N'avait-il pas, au contraire, porté pendant longtemps cette situation sacrifiée d'archevêque élu sans pouvoir être intronisé ? Aussi il passa les Alpes sans retard et vint à Rome représenter au Souverain-Pontife le tort que lui faisait la nouvelle érection.

Ce n'était pas son seul grief ; les archevêques de Narbonne avaient exercé de tous temps la primatie, et voilà qu'Urbain II, en accordant à Bernard de Tolède la primatie sur toute l'Espagne, semblait enlever à l'archevêque de Narbonne son titre de primat sur une portion de sa province même. Il se plaignait encore qu'on n'attendait même pas l'expédition des bulles d'érection pour se soustraire à sa juridiction, puisque Bérenger prenait dans la souscription des actes publics la qualité d'archevêque de Tarragone. Ce qui était vrai : car, l'an 1090 Bérenger-Raymond comte de Barcelone ayant fait donation de tous ses domaines et en particulier de la ville de Tarragone au Siége apostolique, avec promesse, tant pour lui que pour ses successeurs, de tenir le tout en fief du Saint-Siége sous le cens annuel de 25 livres d'argent, l'évêque d'Ausone avait souscrit à l'acte : « Bérenger archevêque de Tarragone. »

Ce n'était pas encore tout ; sans que les bulles définitives de l'érection existassent encore, l'abbé Frotard, dans la ville de Jacca dont les rois d'Aragon avaient fait donation à son monastère, faisait sacrer un évêque sans sa participation, prétendant sans doute se couvrir de la primatie de Bernard de Tolède et de l'autorité du nouvel archevêque de Tarragone.

Pour l'affaire de l'abbaye de Saint-Cucufat, l'évêque de Barcelone prétendait que Frotard, dans le rapport qu'il avait fait au Saint-Siége en sa qualité de légat, avait exposé les faits d'une manière inexacte et avait obtenu ainsi une approbation subreptice en surprenant la bonne foi du Saint-Père.

C'est en réponse à ces plaintes que le Souverain-Pontife écrivit à son légat Raynier la lettre que nous avons citée plus haut; et quoique, en principe, le rétablissement de la province Tarragonaise fût résolu, il disait au légat dans cette même lettre : « Vous ordonnerez aux évêques
» de la Tarragonaise d'obéir à Dalmace comme
» à leur métropolitain, jusqu'à ce que l'église
» de Tarragone soit rétablie ; mais ils auront
» en même temps à reconnaître l'archevêque
» de Tolède pour leur primat, jusqu'à ce que
» le même archevêque de Narbonne nous ait
» prouvé par titres qu'il a la primatie sur eux.

» Car vous savez que, lorsque nous avons ac-
» cordé la primatie à l'archevêque de Tolède,
» nous l'avons fait sans préjudice des priviléges
» des autres métropolitains. Enfin, l'archevêque
» de Narbonne m'ayant assuré que son église
» avait pour cette primatie des priviléges que
» son prédécesseur avait égarés, mais qu'il
» espérait retrouver, je vous charge d'examiner
» cette affaire et de m'en faire votre rapport
» pour porter ensuite moi-même un jugement
» définitif. Que si on ne peut retrouver ces pri-
» viléges, vous n'avez qu'à travailler toujours
» avec les principaux du pays au rétablisse-
» ment de Tarragone, dont les évêques seront
» tenus, en attendant, d'obéir à l'archevêque de
» Narbonne comme à leur métropolitain. »

Dalmace se plaignit aussi au pape Urbain de ce que n'ayant pas voulu consacrer Artaud évêque d'Elne, son suffragant, comme entaché de simonie, le Saint-Père eût passé outre et eût sacré à Rome ce même Artaud. Comme Artaud fut sacré à Rome en 1089, il y a tout lieu de croire que, sur le bon témoignage du légat Frotard, la Cour romaine ne tint pas compte de l'opposition de l'archevêque. Du reste, le cas d'Artaud n'était pas bien grave ; il avait promis, après son élection, de conserver intacts les biens de son église. Après les dilapidations récentes de l'archevêque Guifred, on comprend facilement que la préoccupation de sauvegarder les biens communs de l'église et du chapitre eût guidé les électeurs ; mais, comme la promesse avait suivi seulement l'élection, le légat pensait, contre le sentiment de l'archevêque, qu'il n'y avait pas l'ombre de simonie dans ce procédé. Le Souverain-Pontife remit encore cette information aux soins du légat Raynier, et renvoya l'archevêque de Narbonne à son siége avec une lettre adressée à Raymond de Saint-Gilles et au vicomte Aymeric, dans laquelle, avec force éloges de Dalmace, il les exhorte à le respecter, à lui obéir et à le protéger contre les usurpateurs des biens de son église.

Comme l'archevêque de Narbonne ne désigne pas autrement les églises que l'abbé Frotard envahissait à la faveur des puissants du siècle, pas plus que les personnes excommuniées par lui et reçues à la communion par l'abbé Frotard; nous présumons que Dalmace visait plus spécialement l'église de Jacca et la personne d'Artaud, évêque élu d'Elne, qu'il refusait de sacrer en l'accusant de simonie, et qu'il avait dû, pour ce motif, retrancher de sa communion. La métropole Tarragonaise fut définitivement érigée par une bulle du 1ᵉʳ juillet 1091.

Il ne paraît pas que les plaintes de Dalmace contre l'abbé Frotard aient trouvé grand crédit auprès du Saint-Siége. Du moins l'abbé Frotard dut présenter au Souverain-Pontife une justification suffisante, ce qu'il fit au concile de Plaisance où le pape Urbain avait convoqué tous les anciens légats. Hugues de Die négligea de s'y rendre et fut suspendu de ses fonctions. Frotard se rencontra à ce concile avec Godefroy évêque de Maguelone. On vit à cette assemblée de Plaisance 200 évêques, 4,000 clercs, plus de 30,000 laïques, et le pape Urbain y institua, dit-on, la dixième préface de la messe qui est celle de la Vierge. Une preuve encore que le pape Urbain avait rendu toute sa confiance à notre abbé, peut se déduire du voyage que ce pape fit à travers la province après la proclamation de la croisade au concile de Clermont.

En effet, de Toulouse le Souverain-Pontife vint à Carcassonne, où il arriva le mercredi 11 juin; le 12, il officia pontificalement à la cathédrale (1), et y bénit les matériaux rassemblés pour sa construction commencée déjà depuis longtemps. Le lendemain vendredi, il célébra le saint-sacrifice à l'abbaye de Sainte-Marie, où il prêcha et dont il bénit le cimetière ; deux jours après, le pape se rendit à l'abbaye d'Alet située sur la rive droite de l'Aude en amont de Limoux.

De cette ancienne abbaye (2) transformée en évêché par le pape Jean XXII, il ne reste plus que la ruine imposante et magnifique de l'église cathédrale. Les voûtes sont écroulées ; les murs des côtés, percés de portiques pleins d'élégance et couverts de sculptures et d'arabesques, se dressent au milieu du cimetière de la petite

---

(1) Saint-Michel.
(2) L'abbaye d'Alet, fondée en 813 par le comte Bera. Son église fut consacrée une première fois en 873, et une deuxième fois après d'importantes réparations en 1018. « C'était, dit Mérimée, une basilique à trois nefs, terminées par une abside à cinq pans avec des transsepts peu saillants et deux placés latéralement vers le milieu de la nef. »
Sur la face meridionale est une porte basse et cintrée ; son archivolte décorée de sculptures, parmi lesquelles on a représenté des cerfs, a fait dire que ce monument avait été consacré à Diane. L'abside actuelle aurait renfermé l'autel de la déesse. Mais cette opinion, ajoute M. Du Mège que nous citons textuellement, est réfutée par l'aspect seul de l'édifice, etc.

localité, dominant encore de leurs débris pleins de noblesse et de majesté les mesquines constructions du voisinage.

Urbain II continua sa route dans la province et célébra la fête de saint Jean-Baptiste dans l'église de Saint-Pons de Thomières, où l'abbé Frotard le reçut à la tête de ses moines et d'un nombreux clergé accouru des environs pour recevoir la bénédiction du pontife. A cette occasion, le Saint-Père donna dans l'abbaye de Saint-Pons de Thomières une bulle en faveur de l'église de Pampelune d'Espagne, dont Pierre d'Andoque (1), naguère moine de l'abbaye de

(1) Pierre évêque de Pampelune était fils d'un seigneur du Rouergue nommé Didon d'Andoque ; il avait été profès de l'abbaye de Conques avant d'être évêque de Pampelune (1082). Lorsque la fille de Guillaume IV et son mari le comte de Poitiers s'emparèrent pour la deuxième fois de Toulouse en l'an 1114, Pierre de Pampelune, s'étant jeté entre les combattants dans le seul but d'arrêter l'effusion du sang, fut atteint d'un coup de pierre qui le blessa dangereusement et dont il mourut le jeudi 15 octobre de cette année. Son corps fut transporté à Pampelune et inhumé dans la cathédrale où la vénération des peuples n'a cessé de l'entourer.

Mgr. Affre, tué en juin 1848 dans des circonstances presque identiques, était aussi un enfant du Rouergue.

C'est par erreur que la *Gallia christiana*, Mabillon et

Conques, était présentement évêque. Le pape se rendit ensuite à Maguelone à la prière de Godefroy, qui en était évêque, et il y arriva le 28 de juin. Le lendemain dimanche, jour de Saint-Pierre patron de la cathédrale, il y prêcha en présence de tout le clergé du diocèse et d'un nombre infini de peuple qui s'y était rassemblé ; il bénit ensuite solennellement l'île de Maguelone assisté des archevêques de Pise et de Tarragone et d'autres évêques, et appliqua les trésors spirituels de l'Église à tous ceux qui étaient inhumés dans l'île ou qui s'y feraient inhumer. En mémoire d'un événement si célèbre, l'évêque Godefroy institua une procession annuelle autour de l'île.

Nous voyons par ce récit que le pape Urbain, voyageant de Saint-Pons à Maguelone, ne visita point la métropole de la province, préférant s'arrêter aux lieux qui étaient du domaine direct du Saint-Siége, ou dans les monastères de l'Observance dont il avait été moine. Nous n'avons pu relever le nom de Dalmace parmi les évêques

---

Tayo, auteur espagnol qu'avait suivi Mabillon, en font un moine de Saint-Pons. Une longue épitaphe en vers, qu'on lisait dans l'église de l'abbaye de Conques, prouvait surabondamment le contraire.

de l'assistance pontificale. Nous y trouvons Bernard de Tolède, qui assista le Souverain-Pontife dans la consécration de l'église de Saint-Sernin de Toulouse, Bérenger de Tarragone, Artaud d'Elne; mais Dalmace, qui aurait dû être aux côtés du pontife dans les limites de sa province, n'a pas laissé de trace dans les documents de l'époque. Peut-être l'archevêque de Narbonne était-il déjà atteint de l'affection dont il mourut le 17 janvier suivant.

Nous trouvons qu'il décéda ce jour dans son diocèse à Rieux-Minervois. Le cardinal Richard abbé de Saint-Victor de Marseille, les évêques de Béziers et de Carcassonne, les abbés de Lagrasse, d'Alet, de Banyuls, de Castres, de Saint-Savin d'Albi et de Quarante, et un grand nombre d'ecclésiastiques et de religieux allèrent prendre son corps le 12 de mars suivant au château de Rieux, où il était resté depuis sa mort revêtu de ses habits pontificaux à la garde des habitants, et l'accompagnèrent dans sa cathédrale où il fut inhumé (1).

(1) *Histoire générale de Languedoc.*

CHAPITRE VIII.

Charte de Raymond de Saint-Gilles en faveur de l'abbé Frotard et des moines de Saint-Pons dont il se déclare le protecteur (1085). — L'abbé Frotard est présent à une transaction passée entre les comtes de Toulouse et de Saint-Gilles (1090). — Guillaume IV, comte de Toulouse, meurt à Jérusalem (1093). — Le roi d'Aragon, gendre du comte de Toulouse, vient offrir son fils Ramire à l'abbé Frotard et au monastère de Saint-Pons de Thomières (mai 1093). — Histoire du moine Ramire. — Son élection à la royauté. — Son mariage. — Son abdication.

Il arrive fort peu aux moines de devenir rois : c'est cependant ce qui advint à un Espagnol nommé Ramire, que son père offrit comme moine à l'abbé Frotard au mois de mai de l'an 1093. Pour bien saisir la suite de cet évènement, il faut suivre avec attention l'histoire de la province de Languedoc à la fin du onzième siècle.

Nous avons vu que le comte de Toulouse Guillaume IV confirma à l'abbé Frotard et à ses moines de 1079 à 1080 par diverses chartes la fondation de l'abbaye de Saint-Pons de Thomières, ainsi que toutes les donations que lui avaient octroyées ses ancêtres et les acquisitions du monastère dans toute l'étendue de ses états.

L'an 1085, Raymond de Saint-Gilles, imitant cette générosité de son frère, renouvela pour sa part ces dispositions (1) : « Il confirma en faveur
» de l'abbé Frotard et de son abbaye toutes les
» donations qu'elle avait reçues de Pons grand-
» duc et prince des Aquitains, son bisaïeul, qui
» l'avait fondée, et la maintint dans toutes les
» acquisitions que les religieux avaient faites
» dans les évêchés et les terres qui étaient de
» son domaine, ou qui en dépendraient à l'avenir,
» avec pouvoir de posséder en alleu les fiefs
» qu'ils avaient acquis. Il se déclare en même
» temps le défenseur du monastère, de la même
» manière que le comte de Toulouse son frère
» l'avait fait cinq ans auparavant. »

Il faut dire que si Raymond de Saint-Gilles avait d'abord résisté à l'Église et méprisé ses avertissements et ses menaces, du moment qu'il fut réconcilié avec le Saint-Siége, la Papauté ne compta pas de chrétien plus docile, ni de prince plus dévoué et plus généreux. Il fut, d'ailleurs, parmi les seigneurs de son temps engagés dans

(1) Voir Pièces justificatives. N° XX.

la première croisade, le seul qui fit vœu de ne jamais revoir sa patrie et de mourir en Terre-Sainte. Cette résolution, étroitement remplie par Raymond, aurait dû éclairer la religion d'un auteur célèbre qui a écrit l'histoire des croisades et semble, de tous les récits sur la matière, n'avoir choisi, quand il s'agit de Raymond de Saint-Gilles, que ceux qui dénaturent les intentions et noircissent la réputation de ce grand homme (1). Il n'a pas su comprendre que ce serment du comte de Saint-Gilles avait une valeur religieuse d'autant plus grande que ce prince, au lieu d'être *sans avoir* comme d'autres, avait au contraire en Europe une situation des plus enviables.

Il refusa par humilité le trône de Jérusalem avant l'élection de Godefroy, et soutint, de sa

(1) Raymond de Saint-Gilles était un des princes les plus distingués et les plus intelligents de son temps. C'est ce que nous apprend Anne Comnène, qui fut à même, pendant leur séjour à Constantinople, de voir et d'apprécier les principaux chefs de la première croisade. Cette princesse, après avoir loué Raymond sur la pureté de ses mœurs, assure qu'à Antioche tous les princes lui confièrent le fer de la Sainte Lance comme au plus chaste d'entre eux (αγνοτερω).

C'est au livre dixième de l'*Alexiade*, ouvrage consacré par Anne Comnène au règne de son père Alexis, qu'on rencontre cette circonstance.

vieille expérience et de sa valeur, le plus héroïque effort de la croisade; mieux encore, il nourrit longtemps la plupart des croisés avec les sommes considérables que dans sa prudence il avait emportées d'Europe; faisant éclater ainsi aux yeux de tous sa piété, son humilité, son désintéressement, sa charité couronnées par la plus sage prévoyance.

On l'avait vu, l'an 1086, si l'on en croit Guillaume de Malmesbury auteur contemporain, rechercher avec empressement l'alliance de la comtesse Mathilde, l'amie de saint Grégoire VII.

Les états de cette comtesse confinaient au marquisat de Provence, et l'union de Bertrand fils de Raymond avec une nièce de la grande comtesse de Toscane fut certainement accueillie avec satisfaction par tous ceux qui avaient souci de la prospérité du Saint-Siége. On le vit encore, l'année suivante (1087), entrer en Espagne à la tête d'un secours considérable et venir joindre en Castille le roi Alphonse qui luttait désespérément contre les Musulmans victorieux. Le Cid Campeador, Henri de Besançon et Raymond de Saint-Gilles, tels sont les noms des capitaines qui ramenèrent la victoire sous les étendards du roi de Castille. Le roi, reconnaissant, donna successivement ses trois filles à ces hardis combattants : Raymond de Bourgogne épousa Urraque et eut en partage la Galice ; Henri de Besançon avec Thérésia eut les provinces qui forment aujourd'hui le Portugal. Quant à Raymond de Saint-Gilles, il épousa Elvire qui devait le suivre en Terre-Sainte, et là, lui donner un fils qu'on appela Alphonse comme son grand-père maternel et Jourdain comme le fleuve de Palestine où il fut baptisé.

Cependant Guillaume IV, comte de Toulouse, avait en grande estime son frère Raymond qui lui avait toujours montré le plus inaltérable attachement. De ses mariages successifs il ne lui restait qu'une fille nommée Philippe, et qui parfois prenait le nom de Mahaut ou Mathilde comme sa mère. En l'an 1086, elle fut demandée en mariage par Sanche-Ramire roi d'Aragon et unie à ce prince la même année. Sa fille une fois établie, Guillaume s'occupa de régler les affaires de sa succession ; et comme son frère lui était déjà substitué à défaut d'héritiers mâles, pour éviter encore les conflits que pourrait élever plus tard sa fille Philippe, il vendit à son frère Raymond tous ses droits sur le comté de Toulouse. L'abbé Frotard fut présent à cette transaction, que l'on croit être de 1090. Nous avons cependant des actes antérieurs à cette date, par exemple deux donations faites par Raymond de Saint-Gilles à l'abbaye de Saint-André du mont Andaon (1), où Raymond se qualifie dès 1088 comte de Toulouse du vivant même de son frère. Quelque temps après, Guillaume IV comte de Toulouse partait pour Jérusalem, ainsi que l'affirme un auteur du douzième siècle, Geoffroy prieur de Vigeois (2).

Après avoir guerroyé, sa vie durant, et non sans gloire contre les Sarrasins d'Espagne, Bérenger-Raymond comte de Barcelone, le compagnon d'armes et l'ami du Cid, se décida à accompagner Guillaume IV, son frère utérin, dans ce pèlerinage aux Saints Lieux. Les deux frères y périrent on ne sait comment : peut-être le désir de retrouver la trace de ses frères ne fut-il pas étranger à l'ardeur que Raymond de Saint-Gilles déploya pour cette expédition religieuse d'outre-mer. Quoi qu'il en soit, le bruit de la mort de Guillaume IV et de Bérenger-Raymond se répandit en Europe dès 1093, et les héritiers du comte de Toulouse s'apprêtèrent

(1) Villeneuve-lez-Avignon.
(2) Voir la Bibliothèque des bibliothèques du père Labbe.

à faire valoir leurs droits à la succession. Dès cette nouvelle, Raymond de Saint-Gilles se rendit au couvent de la Chaise-Dieu, et Sanche-Ramire au monastère de St.-Pons de Thomières.

Voici comment le prieur de Vigeois Godefroy raconte la visite de Raymond à la Chaise-Dieu : « Raymond, nommé auparavant comte de Saint-
» Gilles, se voyant privé de toute hérédité pa-
» ternelle, se rendit avec un seul domestique à
» l'abbaye de la Chaise-Dieu, pour y prier au
» tombeau de saint Robert dont la gloire et la
» sainteté éclataient de toutes parts. Ce comte,
» étant entré dans l'église et s'étant mis en prière
» devant le tombeau du saint, lui exposa sa si-
» tuation et lui parla avec la même confiance qu'à
» son protecteur et à son puissant avocat. Ayant
» ensuite fait dire une messe de grand matin,
» il fit hommage à saint Robert (1), prit son
» épée de dessus l'autel, et protesta qu'il ne tien-
» drait le comté de Toulouse que de ce saint si Dieu
» lui faisait la grace de l'obtenir par son inter-
» cession. Les désirs de Raymond eurent bientôt

---

(1) Saint Robert, gentilhomme d'Auvergne, abbé de la Chaise-Dieu *(Cosa Dei)* décédé en 1067. Il avait fondé le couvent de la Chaise-Dieu en 1046. Le pape Léon IX confirma cette fondation qui suivit la règle de Saint Benoît.

» après leur accomplissement : à peine fut-il
» parti de la Chaise-Dieu et arrivé sur les con-
» fins du domaine de son père, que tous les sei-
» gneurs du pays lui firent hommage sans diffi-
» culté, et il fut reconnu unanimement à Tou-
» louse et dans toutes les provinces dont il devait
» hériter en vertu de son droit paternel. Ce qui
» engagea ce comte à conserver toujours dans la
» suite une vénération singulière envers saint
» Robert, et à lui témoigner sa reconnais-
» sance (1). »

De son côté, le roi d'Aragon Sanche-Ramire, accompagné de sa femme Philippe, s'était rendu au monastère de Saint-Pons de Thomières auprès de l'abbé Frotard ; et l'on peut conjecturer sans crainte qu'ils étaient accourus pour sonder le vieux légat sur la validité des dispositions testamentaires de feu le comte de Toulouse, et sur la valeur des transactions passées avec le comte de Saint-Gilles.

(1) En effet, bientôt après, Raymond donna à l'abbaye de la Chaise-Dieu l'église de Beaucaire et toutes ses dépendances, une double dîme sur les dépenses de sa maison, savoir : pain, chair et poisson, ainsi que la double dîme de tout le pays d'Argence au bord du Rhône. (Preuve 273 de l'*Histoire générale de Languedoc.*)

Après avoir rendu grâces à Dieu pour la prospérité de ses armes, disent les vieilles chroniques, et pour que le Dieu tout-puissant lui continuât son secours dans la guerre incessante qu'il soutenait contre les infidèles, Sanche, roi d'Aragon, offrit à l'abbé Frotard, pour en faire un moine de son monastère, le jeune Ramire, le dernier fils qu'il avait eu de Félicie sa première femme. Il abandonna, à cette occasion, à l'abbaye de Saint-Pons de Thomières, avec une générosité vraiment royale, des domaines considérables qui étendirent les possessions du monastère bien au-delà des monts pyrénaïques....

Mais, quel qu'ait été le résultat de cette démarche, elle n'eut pas de suites; car, d'après Ferrer, ce prince fut tué dès le commencement de juin 1094 devant la ville d'Huesca, dont il poursuivait le siége avec ardeur.

Ce qui nous prouve que la visite du roi d'Aragon à l'abbaye de Saint-Pons de Thomières ne fut pas tout-à-fait désintéressée, et fut certainement entreprise sous les obsessions de Philippe désireuse de recouvrer le duché de Toulouse dont elle se croyait frustrée, c'est que cette princesse se remaria dès l'an 1094 avec Guillaume IX comte de Poitiers, recherchant sciemment une alliance avec l'ennemi naturel de sa famille. Car, depuis que Louis d'Outre-mer avait enlevé aux comtes de Toulouse cette partie de l'Aquitaine qu'on nomme Guienne, pour la donner aux comtes de Poitiers, les deux familles s'étaient depuis tenues sur un pied de rivalité toujours prête à la querelle et à la guerre. Cet état allait empirer encore par les prétentions que l'héritière de Guillaume IV portait, de son chef, dans la famille des comtes de Poitou. Il est très-certain que Philippe de Toulouse garda un profond ressentiment de sa déshérence : en effet, pendant que Raymond de Saint-Gilles, son oncle, était occupé à la première croisade, elle envahit le comté de Toulouse et s'empara de cette ville, où elle mit au monde Guillaume X et un autre enfant du nom de Raymond qui devint prince d'Antioche et est plus connu sous cette dénomination.

Ce fils aîné de Philippe de Toulouse, Guillaume X, est célèbre par ses démêlés avec l'Église (1), et il fut le père de cette Éléonore de Guienne, qui, répudiée par Louis le Jeune,

(1) Il mourut pendant un pèlerinage à Saint-Jacques de Galice entrepris en réparation des scandales de sa vie passée. Il fut enterré dans la cathédrale de Saint-Jacques

apporta à Henri II roi d'Angleterre toutes les prétentions de sa grand'-mère Philippe sur la succession des comtes de Toulouse. Ce qui, dans la suite des temps, engendra mille maux pour les peuples du Languedoc régulièrement foulés par des expéditions anglaises.

Guillaume IX comte de Poitiers, qui épousa Philippe de Toulouse, passe pour un des créateurs de la poésie en langue vulgaire ou, si l'on veut, de la poésie provençale.

Dans ses recherches sur les origines de la poésie en langue vulgaire, l'Italien Crescimbeni, fondateur de l'académie des Arcades à Rome et le protégé des papes Clément XI et Benoît XII, affirme que Guillaume IX fut un des premiers versificateurs en langue provençale, et qu'il précéda dans cette tentative tous les poètes tant provençaux qu'italiens. On ne connaît point, en effet, dans cet idiome, de vers plus anciens que ceux de Guillaume IX, et Orderic Vital (liv. 10, page 793) raconte que, « comme Guillaume, » comte de Poitiers, était fort gai et fort jovial, il

---

de Compostelle, au pied du grand autel. C'est en mourant qu'il fit promettre à ceux de ses vassaux qui l'assistaient de ménager le mariage de sa fille Éléonore avec l'héritier de la couronne de France.

» chanta, après son retour de la Terre-Sainte,
» les malheurs qui lui étaient arrivés durant ce
» voyage, et il fit des vers rimés sur ce sujet. »

Nous ne pouvons faire autrement que de rapporter la destinée singulière du jeune Ramire que son père le roi d'Aragon avait donné pour moine au monastère de Saint-Pons de Thomières. Nous avons vu que Sanche-Ramire, roi d'Aragon, fut tué devant Huesca dès l'an 1094.

L'aîné de ses enfants, Pierre fut proclamé sous les murs mêmes de la place assiégée, et il tint les trônes d'Aragon et de Navarre jusqu'en l'année 1104, époque où, par sa mort, la dignité royale échut à son second frère Alphonse le Batailleur qui dans sa vie assista, dit-on, à vingt-neuf batailles rangées.

« Voulant étendre la frontière de son royaume
» jusqu'à la Méditerranée et devenir le maître
» de la navigation de l'Ebre, Alphonse d'Aragon
» résolut en 1134 de s'emparer de la ville de
» Tortose, située à l'embouchure de ce fleuve près
» de la mer. Il appela près de lui nombre de
» chevaliers étrangers, parmi lesquels on distin-
» guait le vicomte de Narbonne Amaury ; mais
» il fallait, avant d'entreprendre la conquête de

» Tortose, s'emparer de quelques villes situées à
» l'intérieur, et dont les garnisons auraient pu,
» en se réunissant en corps d'armée, gêner le
» siége de cette place importante. Mequinenza
» fut d'abord emportée d'assaut, mais Lerida et
» Fraga (1) offraient des obstacles plus réels. Cette
» dernière ville fut enveloppée par l'armée chré-
» tienne. Les habitants se défendaient avec cou-
» rage, mais ils auraient succombé sans les puis-
» sants secours des Walis musulmans. Yahia ben
» Gania qui commandait à Lerida accourut avec de
» nombreuses troupes levées à Murcie et à Va-
» lence. Dix mille Almoravides vinrent aussi
» de la partie méridionale de la Péninsule.
» Néanmoins, le siège continua et Alphonse jura
» publiquement de prendre cette forteresse ou
» de mourir. Selon les habitudes du temps,
» vingt des plus illustres vassaux de ce prince
» se rendirent cautions de sa promesse et prê-
» tèrent le même serment. — On avait fait
» venir dans le camp les évêques et beaucoup
» de religieux, et cette pieuse milice avait
» apporté les reliques des saints protecteurs de

(1) Lerida et Fraga, villes de Catalogne : la première sur la Sègre, affluent de l'Ebre ; la deuxième sur la Cinca, affluent de la Sègre.

» l'Espagne. Deux fois les Sarrasins qui venaient
» pour délivrer la place furent vaincus et mis
» en fuite. Les habitants de Fraga n'espérèrent
» plus leur délivrance par la force des armes et
» ils offrirent de rendre la ville. Mais Alphonse
» ne voulut point accepter leurs conditions de
» reddition. Alors les Musulmans résolurent
» de prolonger la résistance jusqu'à la dernière
» extrémité.

» Pendant ce temps, les débris des armées
» vaincues s'étant ralliées tendirent une embus-
» cade où les Aragonais se laissèrent prendre
» et qui, pour eux, fut un véritable désastre.
» Le vicomte de Narbonne y fut tué. Alphonse
» mourut sur le champ de bataille, ou du moins,
» d'après Orderic Vital, auteur contemporain, il
» tomba malade de chagrin de sa défaite et
» mourut le 7 septembre 1134. »

Suivant la Chronique romane de Montpellier, Alphonse aurait été fait prisonnier à la bataille de Fraga. La Chronique dit en propres termes : « *En l'an* M CXXXIIII *fon lo desbarat de Fraga et fon pres lo rei d'Aragon* (1). »

---

(1) *Histoire générale de Languedoc*, additions et notes de Du Mège.

Quoi qu'il en soit, la mort d'Alphonse, qui n'avait pas de postérité, laissa ouverte la succession aux trônes d'Aragon et de Navarre. Le Batailleur, par son testament, laissait ces deux royaumes aux chevaliers du Temple; mais le sentiment unanime du pays repoussa ces dispositions testamentaires, et les peuples des deux royaumes, n'ayant pu s'entendre pour l'élection d'un roi commun, élurent alors séparément, les Navarrois à Pampelune, Garsias IV, et les Aragonais réunis à Jacca, ville qui appartenait aux moines de Saint-Pons, un moine de cette abbaye qui était le troisième frère d'Alphonse le Batailleur et n'était autre que Ramire offert jadis par le roi d'Aragon à l'abbé Frotard et au monastère de Saint-Pons de Thomières en 1093.

Il est certain que Ramire était prêtre et qu'il fut tiré immédiatement de l'abbaye de Saint-Pons pour monter sur le trône d'Aragon: le témoignage des anciens historiens (1) est unanime sur ce point. Voici quelques circonstances que Roderic, archevêque de Tolède, rapporte du règne de Ramire:

---

(1) Orderic Vital, liv. XIII, et Guillaume de Neubridge, liv. III.

« Après la cérémonie de son couronnement qui
» se fit à Huesca, les grands du royaume l'obli-
» gèrent à se marier, et il prit pour femme la
» sœur du comte de Poitiers (Guillaume X)
» dont il eut une fille à laquelle on donna le nom
» de Pétronille et dans la suite celui d'Urraque.
» Il la donna en mariage à Raymond-Bérenger
» comte de Barcelone, et dès qu'elle fut nubile,
» il retourna à son monastère, qu'il avait enrichi
» pendant son règne par le don qu'il lui fit de
» plusieurs terres et églises situées dans l'Aragon
» et la Navarre, que cette abbaye possède de
» nos jours (1243), en sorte que par le mariage
» d'Urraque avec le comte de Barcelone, le
» royaume d'Aragon entra dans la maison de ce
» comte et fut depuis uni à ses états. »

Quoiqu'on ait dit que le moine Ramire s'était marié avec une dispense de l'anti-pape Anaclet, il est certain que, le royaume d'Aragon n'ayant jamais reconnu cet anti-pape, la dispense fut accordée par le pape légitime. C'est, en effet, ce que dit le moine Robert du Mont Saint-Michel, auteur contemporain, qui attribue à Innocent II la dispense qui permit à Ramire de contracter mariage.

Quant à la fille de Guillaume IX comte de

Poitiers et de Philippe de Toulouse qu'épousa Ramire, elle s'appelait Agnès ou, comme disent les Espagnols, Inès, et elle était veuve du vicomte de Thouars.

Il est probable que la raison politique imposa ce choix au nouveau roi d'Aragon, comme elle lui imposa le mariage de sa fille avec le comte de Barcelone. D'après Guillaume de Malmesbury, le mariage de Raymond de Saint-Gilles avec Elvire de Castille aurait été tout simplement dicté par la raison d'État. Il se conclut, en effet, au moment où Sanche Ramire, roi d'Aragon, aurait pu faire valoir par les armes les droits de sa femme Philippe sur le comté de Toulouse. En s'alliant aux rois de Castille, les rivaux redoutables des rois d'Aragon, Raymond de Saint-Gilles se ménageait ainsi une puissante diversion sur les derrières des rois d'Aragon au cas où ceux-ci eussent envahi le Toulousain. De son côté, Ramire, en épousant Agnès de Poitiers, recherchait une alliance naturellement défensive contre le roi de Castille et son proche parent le comte de Toulouse. Le roi de Castille, en effet, essaya de conquérir sur le roi-moine tout ce qu'il put, et s'empara sur lui de la ville de Sarragosse; mais Ramire se démit bientôt du pouvoir suprême pour retourner à son ancien monastère.

Voici comment Guillaume de Neubridge raconte cet événement : « Ramire, ayant une fille
» de son mariage, continua d'administrer ses
» états jusqu'à ce qu'elle fût parvenue à un âge
» nubile. Il assembla alors les principaux du
» royaume et leur dit : Dieu me pardonne et à
» vous aussi ; j'ai fait une folie à laquelle vous
» m'avez contraint, mais celui qui est tombé
» ne trouvera-t-il pas moyen de se relever, et
» ce qui a été fait par une nécessité qui selon
» vous n'avait point de loi, ne peut-il pas se
» réparer lorsque cette nécessité n'existe plus ?
» Voilà que j'ai une fille héritière du royaume,
» qu'on la marie honorablement et l'État sera
» en sûreté ; que le moine reprenne donc l'ob-
» servance de sa règle et qu'il apaise incessam-
» ment les remords de sa conscience. L'assem-
» blée, ajoute cet auteur, s'opposa d'abord au
» projet de Ramire ; mais, n'ayant pu le dé-
» tourner de la résolution qu'il avait prise, on
» promit sa fille au jeune fils du comte de
» Barcelone avec le royaume d'Aragon. Alors,
» foulant aux pieds les honneurs du monde et
» ne pouvant plus résister aux remords dont il

» était agité, le roi se dépouilla de la pourpre,
» reprit l'habit monastique et changea ce
» royaume pour le cloître. »

A ce récit, il n'y a que peu de chose à changer pour avoir la vérité historique : c'est, du reste, un point qui a été parfaitement élucidé par don Prospero Bofarull y Mascaro, le savant archiviste de Barcelone.

« Le 11 août 1137, le roi Ramire, étant à
» Balbastro, fit don sous certaines réserves de
» dona Petronilla et de son royaume au comte
» de Barcelone (1). Cette première donation fut
» reproduite dans un autre acte fait à Ayerbe,
» le 27 du même mois. Enfin, nous avons l'ab-
» dication de la couronne et du royaume qui
» eut lieu à Sarragosse, le 13 novembre de cette
» année 1137. Le mariage ne fut consommé
» qu'en 1151. En effet, le señor Tragia, dans
» son mémoire sur le règne de Ramire, rap-
» porte deux actes aragonais de 1151, et dans
» lesquels on lit : *In illo anno quando comes*
» *Barchinonensis accepit filiam Ramiri regis*
» *conjuge sua.* » D'après les annales de Zurita

(1) Raymond Bérenger IV alors âgé de 23 ans, Petronilla n'avait que deux ans.

le mariage solennel se célébra à Lérida en l'an 1151.

Il est probable que ce fut dès la fin de cette année 1137, ou peu de temps après, que Ramire (1) revint prendre sa place au chœur des moines de Saint-Pons. Ferrer doute qu'il ait repris l'habit monastique, et il affirme qu'il se retira dans l'église de Saint-Pierre d'Huesca, où il mena, ajoute-t-il, une vie particulière avec les clercs qui la desservaient. Seulement, comme l'église de Saint-Pierre d'Huesca était un prieuré conventuel de l'abbaye de Saint-Pons de Thomières, desservi par des religieux de ce monastère, il est certain que si le roi Ramire s'y retira, il y reprit l'habit de son ordre.

Telle est cette histoire du moine Ramire, qui

(1) Ramire a-t-il été évêque ? Marca (*Hist.*, p. 1170) rapporte que dans un acte ancien de l'abbaye de Banyuls, au diocèse de Girone, on trouve la souscription suivante : « Moi, Ramire, roi par la grâce de Dieu et élu de Tarragone et de Barcelone, j'accorde et confirme ce qui est écrit ci-dessus. » L'évêque de Barcelone Oldegarius, qui possédait ces deux évêchés, mourut le 6 mars 1137, et Arnaud lui avait déjà succédé le 30 juin de la même année. Il faut que le roi Ramire ait été élu dans cet intervalle et qu'il n'ait pas été sacré ; peut-être renonça-t-il de lui-même à l'épiscopat pour retourner dans le cloître où il se retira bientôt après. (*Histoire générale de Languedoc*, an 1135.)

présente à la curiosité du lecteur des circonstances assez rares.

Il est en effet peu de moines qui, après quarante ans de vie claustrale et revêtus du sacerdoce, aient été élevés à la dignité royale. Si Ramire eut la faiblesse ou le patriotisme de croire sa postérité nécessaire au bonheur des peuples de l'Aragon, du moins, dès que la nécessité eut disparu, il rentra simplement dans l'obscurité du cloître. Il y aurait une curieuse investigation à tenter si à côté des scrupules de conscience qui amenèrent ce moine à déposer le pouvoir, on essayait de se rendre compte des mobiles qui conduisirent Dioclétien aux jardins de Salone, ou qui amenèrent cet autre Espagnol à embrasser la vie claustrale dans le monastère de Saint-Just, après avoir été un puissant empereur.

CHAPITRE IX.

Contestation entre l'abbé Frotard et l'évêque de Jacca. — Elle se termine par une transaction du 1er décembre 1098. — Frotard établit cette même année à Huesca le prieuré conventuel de Saint-Pierre le Vieil. — Mort de l'abbé Frotard (20 août 1099). — Les moines de Saint-Pons lui érigent une statue sur un tombeau de marbre blanc. — Réflexions sur la légation de Frotard. — L'église de l'abbaye et le tombeau de Frotard ruinés par les protestants (1567). — Ce qui reste de la vieille église. — Au lecteur.

Nous avons vu que l'abbé Frotard avait fait sacrer un évêque à Jacca, ce qui avait motivé contre lui les plaintes de l'archevêque de Narbonne. Jacca n'était point une ville épiscopale; mais, vu le malheur des temps, on y avait opéré vers 1061 le transfert du siége d'Huesca alors au pouvoir dss Musulmans. On pouvait donc dire que le prélat résidant à Jacca était à proprement parler évêque d'Huesca.

Or, le roi Pierre d'Aragon, après une grande victoire remportée sur les Sarrasins en 1096, s'empara de la ville d'Huesca, et le pape Urbain se hâta de rétablir dans cette ville le siége épiscopal après plus de trois siècles de domination musulmane.

Ce fut Amat, archevêque de Bordeaux, le colégat de notre Frotard, qui le jour de Pâques, cinquième d'avril 1097, dédia la mosquée d'Huesca pour en faire une église (1). L'abbé Frotard acquit à ce moment dans cette ville la chapellenie de Zuda, qu'il donna à Simon abbé de Mont-Aragon de l'ordre de Saint-Augustin : c'est du moins ce que rapporte Aynsa historien espagnol.

Mais ce rétablissement de l'évêché à Huesca donna naissance à une contestation des plus sérieuses entre les moines de Saint-Pons ayant à leur tête l'abbé Frotard et l'évêque de Jacca. Possédant la ville de Jacca par don des rois d'Aragon, les abbés de Saint-Pons se sentaient gênés dans la plénitude de leurs droits par la présence de l'évêque, et du moment que le siége de l'évêque était rétabli à Huesca, l'abbé Frotard soutint que l'évêque de Jacca devait y transporter sa résidence. — Malheureusement il y avait un autre ecclésiastique régulièrement élu et cano-

(1) *Chronique de Maillesais*, page 214.

niquement installé à Huesca. Ce qui rendait la situation de l'évêque de Jacca assez singulière.

L'affaire fut portée devant le métropolitain Bérenger de Tarragone et devant Pierre roi d'Aragon qui, de concert avec Pierre le nouvel évêque d'Huesca, reconnurent la justice des réclamations de l'abbé Frotard et de ses moines et décidèrent que l'évêque de Jacca aurait à transporter ailleurs son siége épiscopal. De son côté, Pierre évêque d'Huesca, qui occupait ce siége, non pas injustement, mais sans avoir cependant pour lui un droit bien évident, reconnut sans peine que les prétentions de l'abbé Frotard étaient fondées, et, pour le dédommager du tort qu'il avait pu lui causer, il lui donna l'église de Saint-Pierre le Vieil d'Huesca avec ses dépendances. Notre abbé y établit une nouvelle maison qu'il peupla des moines de son ordre. Tout cela se fit par un accord du 1er décembre 1098.

Ce fut le dernier acte et la dernière négociation de l'ancien légat. « Il mourut le 20 du » moit d'août de l'année suivante », disent les auteurs de l'*Histoire générale de Languedoc*, « dans une grande réputation de sainteté, après » s'être distingué par ses vertus et les talents » qu'il fit paraître, soit dans la légation d'Espagne

» dont le pape Grégoire VII l'avait honoré, soit
» dans les divers conciles où il assista, soit en
» diverses négociations où il fut employé. Il
» fut inhumé dans l'église de son abbaye, où on
» lui érigea une statue sur un tombeau de
» marbre blanc qu'on voit encore au côté gauche
» du maître-autel, parmi les ruines du grand
» chœur de cette église qui fut détruite par les
» calvinistes en 1567. »

Ainsi, d'après cet extrait, le tombeau de marbre, sinon la statue, se voyaient, au milieu du xviiie siècle, dans les ruines du grand chœur (1).

Ce monument funèbre, surmonté d'une statue de marbre, nous indiquerait suffisamment l'estime singulière et la réputation dont jouit notre abbé. C'est le seul que nous sachions, parmi les abbés de Saint-Pons, à qui le monastère ait fait l'honneur d'une pareille sépulture; mais avoir été distingué et employé par Saint-Grégoire VII, avoir coopéré à cette grande réforme qui mit l'Eglise hors de tutelle et la plaça résolument à la tête de l'Europe chrétienne,

(1) Ces ruines ont été déblayées et enlevées ; elles occupaient l'emplacement qui s'étend devant la porte d'entrée actuelle de l'église de Saint-Pons de Thomières.

n'est pas un mince honneur aux yeux de la postérité.

Ne parlons pas de l'extension prodigieuse que prit l'abbaye de Saint-Pons de Thomières sous l'abbé Frotard et qui lui permit en 1317 de fournir deux évêchés à l'église catholique, ceux de Saint-Pons et de Lavaur; mais, si on veut bien le remarquer, presque tous les princes qui se rencontrèrent dans la sphère d'action de notre légat, quels qu'aient été leurs commencements, finirent par être les champions dévoués de l'Église et du Saint-Siége. Ce fut d'abord Bernard comte de Besalu qui s'en reconnut vassal; puis Pierre de Melgueil qui se donna lui et son comté à l'Église romaine; puis le comte Bérenger-Raymond de Barcelone qui suivit ces exemples; sans compter Raymond de Saint-Gilles qui, par son serment, scrupuleusement tenu, de ne plus quitter la Terre-Sainte et d'y mourir, contribua plus que personne, malgré mille désastres, à maintenir le flot sans cesse renouvelé de la croisade.

Nous sommes persuadés aussi, que ce fut un trait d'excellente politique de la part du Saint-Siége de favoriser les alliances des Normands de Sicile et d'Italie et même d'Angleterre avec les comtes de Barcelone, de Toulouse, de Saint-Gilles et les vicomtes de Narbonne. Nous avons vu, en effet, que Guillaume IV avait épousé Emme de Mortaing, nièce de Guillaume le Conquérant ; que Raymond de Saint-Gilles, en épousant une cousine de sa belle-sœur Emme, devenait le gendre de Roger de Sicile, si dévoué au Saint-Siège que le pape Urbain, dérogeant à tous les précédents, le nomma son légat perpétuel pour la Sicile. Quant au comte de Barcelone et au vicomte de Narbonne, ils avaient cherché tous les deux l'alliance de Robert Guiscard.

Lorsque l'on pense que ces princes avaient tous vécu dans la familiarité de Frotard, ou du moins s'étaient rencontrés avec lui dans toutes les transactions importantes de la province, on ne peut s'empêcher d'imaginer qu'ils trouvèrent dans notre légat un grand encouragement à ces alliances, si l'on n'aime mieux supposer qu'elles naquirent de l'initiative de l'Église, cherchant à grouper autour de la Papauté, contre la tyrannie des Césars allemands, le dévouement traditionnel de la vieille France, qu'il vînt des preux de la Normandie ou des fidèles du Languedoc.

Il est infiniment regrettable que presque tous les documents de l'abbaye de Saint-Pons de

Thomières aient péri dans le pillage et l'incendie de 1567 (1).

Ce fut un jeudi 1er octobre 1567 que les calvinistes, excités par quelques habitants ennemis des moines et ayant à leur tête le vicomte Saint-Amans, pénétrèrent dans le monastère par la porte contiguë au palais épiscopal. Les moines purent sauver leur vie, mais la sainte maison subit la dévastation la plus horrible. Tous les meubles sacrés ou profanes, pillés ou détruits; les reliques des saints polluées; les archives dépouillées des trésors historiques qu'elles contenaient; l'abbaye démolie et rasée; l'église, admirable de grandeur et de monuments artistiques, complètement ravagée; trois clochers sur quatre renversés; les cloches elles-mêmes devenues la proie de ces vandales sacrilèges : telles furent les suites de l'invasion des sectaires.

(1) La prise d'armes des huguenots fut générale. Le prince de Condé et l'amiral de Coligny, ayant tenté en vain d'enlever le roi, réussirent mieux à soulever tous les religionnaires de France dans le Languedoc en particulier. Les villes de Montauban, Castres, Montpellier, Nimes, Viviers, Saint-Pons, le Pont-Saint-Esprit et Bagnols, furent des premières à se déclarer en faveur du prince de Condé. Les protestants y rasèrent la plupart des églises, de même que trois cents autres villes, bourgs ou villages du pays. (Dom Vaissete, *Hist. gén. de Languedoc*, à l'an 1567.)

— 155 —

Ce n'était pas assez pour leur rage ; le couvent de femmes situé dans le faubourg de Sainte-Madeleine fut aussi mis à sac et renversé de fond en comble ; les religieuses avaient néanmoins échappé à la mort en prenant la fuite (1).

Il ne paraît pas que ce soit l'église abbatiale primitive qui ait été ruinée par les huguenots. Cette première construction avait fait place à un édifice tout de marbre que s'était efforcé d'achever le cardinal Alexandre Farnèse, le même qui, dès qu'il fut pape sous le nom de Paul III, bâtit à Rome le superbe palais qui de son nom s'est appelé palais Farnèse. Ce souverain-pontife, qui eut l'honneur et la gloire de convoquer le concile de Trente, avait été pourvu de l'évêché de Saint-Pons de Thomières dès l'an 1514 par Léon X. Il le garda jusqu'en 1534, l'année même de son élévation au souverain pontificat. « Paul III n'oublia pas son humble
» épouse l'église de Saint-Pons ; car, en témoi-
» gnage de l'affection qu'il lui portait, même en
» la quittant pour l'église universelle, il accorda
» un jubilé de sept ans à tous ceux qui, confessés
» et contrits, visiteraient la cathédrale de Saint-

---

(1) Fisquet, *France pontificale.*

» Pons le dimanche de la Passion ou la fête de
» l'Assomption de la Sainte-Vierge et qui feraient
» quelque aumône pour achever cette basilique.
» Lui-même, durant son épiscopat, avait consacré
» des sommes considérables prises sur ses re-
» venus (1). »

Il est encore facile de se rendre parfaitement compte de ce que pouvait être l'ancien édifice. La naissance des nervures de l'ancien chœur, qu'on distingue par-dessus les toitures des constructions récentes, permet de déterminer approximativement la hauteur des voûtes de l'église bénédictine. Cette hauteur semble dépasser de plus d'un tiers l'élévation du vaisseau actuel, qui, dans le principe, avait été édifié sur une longueur beaucoup plus développée que celle d'à présent. On pénétrait anciennement dans la nef par le côté diamétralement opposé à l'entrée d'aujourd'hui; et, quoique murée pour les besoins d'une nouvelle distribution de l'édifice, la porte condamnée n'en laisse pas moins saisir, dans les bas-reliefs décorant l'intérieur des cintres, son cachet d'origine et son incontestable ancienneté.

(1) Fisquet, *France pontificale*, diocèse de Saint-Pons de Thomières, à la page 599.

M. du Mège, dans ses additions et notes à l'*Histoire générale de Languedoc*, dit : « Il
» paraît que la façade primitive n'était pas
» différente de celle qu'on voit vers l'occident et
» qui est percée de trois portes à plein cintre,
» dont les archivoltes reposent sur des tailloirs
» au-dessous desquels étaient des chapiteaux
» qui manquent aujourd'hui. Le musée de Tou-
» louse en renferme trois en marbre qui pro-
» viennent de l'abbaye de Saint-Pons ; mais on
» ne sait à quelle partie des bâtiments de ce
» monastère ils appartenaient autrefois.

» Sous l'arc ou dans le tympan du portail
» central, il existe encore deux bas-reliefs :
» l'un représentant la Cène, l'autre le Crucifie-
» ment du Sauveur. Au-dessus des portes
» s'élève un pignon percé de fenêtres cintrées.
» Deux tours carrées très-endommagées y sub-
» sistent encore. Sur les premières travées de
» ce côté, on voit des colonnes engagées, sur-
» montées de chapiteaux historiés, et des arca-
» des dans le style de la façade : ce sont les
» restes de la première église, et le style qu'on
» a adopté en la reconstruisant ou en la termi-
» nant, diffère en entier de celui-ci.

» L'abside, cette portion si remarquable des

» églises romanes, n'existe plus dans celle de
» Saint-Pons. Au XVIIe siècle, on a établi à sa
» place l'entrée de l'édifice, et la vue de cette
» porte donne encore plus de prix à l'ancienne
» façade que nous venons de décrire.

» On remarque, tant à l'intérieur qu'à l'exté-
» rieur de l'édifice, des traces de reconstruc-
» tions diverses. Elles ont été nécessitées par
» les dégradations que cette église a souffertes
» en divers temps. Les huguenots la détrui-
» sirent en partie en 1567, et abattirent les
» quatre campaniles qui s'élevaient au-dessus
» d'elle. Si, comme on le croit, les belles boi-
» series qu'on remarque dans cet édifice sont
» dues à Alexandre Farnèse, il est assuré
» qu'elles n'étaient pas en place lorsque cette
» église fut dévastée par les sectaires, ou
» qu'elles appartiennent à ces temps moins
» troublés, lorsque la fin des guerres civiles
» permit aux arts du dessin d'embellir encore
» une fois les temples des catholiques. »

Nous voici arrivé à la fin de notre tâche. Nous avons dit tout ce que nous savions sur l'abbé Frotard, ce qui ne doit pas laisser entendre que nous ayons tout dit. Notre travail présente incontestablement de grandes lacunes,

qu'on nous pardonnera si l'on considère la pénurie de documents où se trouve un pauvre villageois éloigné des trésors des grandes bibliothèques. Il faut cependant méditer ces paroles de Dom Joseph Vaissete, qui commencent le treizième livre de son *Histoire générale de Languedoc* : « L'histoire de la province est
» aussi sèche et aussi stérile que celle du reste
» du royaume, depuis le commencement du
» xe siècle jusque vers la fin du siècle suivant,
» par le défaut d'historiens, n'y ayant presque
» que les chartes dont on puisse tirer des lu-
» mières pendant ce long intervalle ; d'ailleurs,
» la plupart de ces chartes ne sont pas datées,
» et comme les noms de famille n'étaient pas
» encore bien établis, il n'est pas étonnant qu'on
» marche à tâtons dans le récit des événements
» durant ces deux siècles et qu'on ait souvent
» recours aux conjectures. »

Nous ne doutons pas que sans la catastrophe de 1567, les archives de Saint-Pons n'eussent fourni un grand nombre de documents précieux pour élucider certaines questions et pour jeter un intérêt plus vif sur la figure de Frotard. La richesse des renseignements lui aurait créé depuis longtemps des historiens.

Les moines avaient certainement recueilli, sur le plus illustre de leurs abbés, mille traits qui nous auraient dévoilé sa piété, son aptitude dans l'art de guider et de maîtriser les âmes, sa haute raison, sa mansuétude unie à la plus solide fermeté. On peut conjecturer bien des choses en histoire, mais on ne conjecture pas des anecdotes intimes, et, sous ce rapport, nous nous sommes borné vis-à-vis de Frotard aux seuls linéaments que nous a fournis l'histoire.

Si nous nous sommes trompé dans le récit ou l'appréciation de certains faits, nous accueillons, d'ores et déjà, toute rectification et tout redressement, car nous aimons mieux la vérité que la plus séduisante de nos conjectures : *Amicus Plato, magis amica veritas.*

Si, dans l'expression de notre pensée, nous nous sommes départi de la prudence, de la soumission ou du respect que doivent à l'Église ses enfants les plus dévoués, nous effaçons, nous réprouvons, nous désavouons tout ce qu'elle désavouera et réprouvera au sens qu'il lui plaira de nous condamner. Là-dessus, ami lecteur, que Dieu nous garde.

CHAPITRE X.

Fondation de l'abbaye de Saint-Pons de Thomières par Raymond Pons, comte de Toulouse. — Sa dépendance de l'Eglise romaine. — Charte de la dédicace de l'église du monastère. — Concile d'Ausède. — Donations faites à la nouvelle abbaye par Louis d'Outre-mer ; — par l'archevêque et le chapitre de Narbonne ; — par l'évêque et le chapitre de Béziers ; — par le vicomte d'Albi.

Nous aurions fini là notre travail ; mais l'excellent archiprêtre de Saint-Pons, M. de Bonne, qui dans sa famille compte deux évêques de Saint-Pons, a mis gracieusement à notre disposition un croquis de l'ancienne abbaye bénédictine. Nous ajoutons ce croquis lithographié à notre petit ouvrage, et nous allons donner dans ce chapitre supplémentaire tous les renseignements que nous avons pu recueillir sur la fondation et la dotation de l'abbaye, ainsi que sur la dédicace de son église.

Voici, d'abord, traduite dans ses points essentiels, la charte de fondation (1) : « De

(1) Cette charte est insérée aux preuves de l'*Histoire générale de Languedoc*. Voir aussi Catel, *Comtes*, p. 88. (Aux pièces justificatives, N° I.)

» Notre Seigneur Jésus-Christ, roi des rois,
» nous avons appris ce commandement : *Date*
» *eleemosynam, etc.* Donc, au nom de Dieu,
» moi, Pons, par la grâce de Dieu, comte de
» Toulouse, primarquis et duc des Aquitains,
» et mon épouse Garsinde, pour le remède et
» le salut de nos âmes, pour rencontrer, au
» milieu de nos angoisses, au jour du jugement
» des vivants et des morts, la pitié du divin
» Juge apaisé, pour notre père Raymond et
» ma mère, ainsi que pour nos parents et nos
» fidèles défunts, nous donnons, abandonnons
» et concédons à Dieu tout-puissant, à Marie
» sa sainte Mère, au bienheureux Pierre,
» prince des Apôtres, et à saint Paul, l'émi-
» nent docteur, en même temps qu'au glorieux
» martyr saint Pons, au monastère de Tho-
» mières, à l'abbé Dom Otgarius, et aux moi-
» nes présents et futurs de la même abbaye,
» savoir : tout l'alleu (1) et le potestat *(potes-*
» *tativum)* de notre village seigneurial *(domi-*

---

(1) Alleu ou aleu, aleud, alodes *(allodium, prædium immune, liberum, nihil pensitans),* terme de jurisprudence féodale. Les alleux, après les conquêtes des Gaules, étaient des terres qu'on laissait en propriété aux anciens possesseurs. (Glaire, *Dict. des sciences ecclésiastiques.*)

» *nicata)* appelé Thomières, avec son église
» fondée en l'honneur de saint Martin de Jaur,
» et tout ce qui lui appartient; en un autre
» endroit, le village de *Gasanus* et celui de
» *Prata*, le village de *Cauneta* et celui d'*Opi-*
» *niano*, et dans le village de *Tarborerio* qua-
» tre métairies (1); à *Asiniano*, deux métairies;
» à *Corsumaio*, deux métairies; dans l'endroit
» appelé *Simbergas*, deux métairies; à *Telito*,
» deux métairies; en un autre endroit, le
» village qu'on appelle *Opiniaco* et un autre
» du nom de *Carturanis;* à *Condadas*, une
» métairie et un autre village nommé *Salissias;*
» un autre village du nom de *Taucina;* un
» autre appelé *Cournon;* un autre *Marthomis;*
» à *Palissineto*, deux métairies; à *Crosato*,
» trois; à *Bonatias*, quatre; à *Cabanario*, six :

(1) Nous avons traduit le mot *mansos* par métairie, suivant en cela les auteurs de l'*Histoire générale de Languedoc*. Du reste, nous trouvons, dans le siècle suivant, des donations relativement plus importantes que celles de la fondation de l'abbaye de Saint-Pons. Ainsi, par exemple, Bernard, fils de Richard vicomte de Milhau, donna à l'abbaye de Saint-Victor de Marseille, où il fit profession, quarante métairies de son partage et soixante autres si son frère Hugues, auquel il les avait cédées à cette condition, mourait sans postérité.

» à *Brassiano*, six métairies ; aux *Pelludos*,
» deux ; à *Tursarias*, quatre ; à *Proliano*,
» trois métairies ; en un lieu dit *Riolet*, deux
» vignes seigneuriales *(dominicatas)* et un pré
» seigneurial. Nous donnons semblablement
» tout l'alleu et le potestat de toute la paroisse
» de Saint-Saturnin de Bison (1), avec son
» église et tout le territoire jusqu'au pont d'El-
» bine. Les confronts sont : à l'orient, le do-
» maine de *Sorières* (2) ; au midi, les sommités
» du mont *Colim* ; à l'occident, le *Pontus Sil-*
» *vestris aquæ d'Elbina* (3) ; vers l'aquilon,
» le ruisseau de *Toaret* (4). Tout l'honneur ci-
» dessus énuméré dépend de l'évêché de Nar-
» bonne.

» Et dans l'évêché d'Albi, en un lieu qu'on
» appelle Vieilmur *(Vetus-murense)*, nous
» donnons pareillement tout l'alleu et le potes-

---

(1) Aujourd'hui la Bastide-Rouairoux.

(2) Encore aujourd'hui, à l'orient de *la Bastide-Rouairoux*, on trouve, entre les paroisses de Galinier et Ferrals, le *Col de Sorières*.

(3) Le *Pontus Sylvestris aquæ d'Elbina* nous paraît être le pont d'Ac ou d'Arc d'Albine.

(4) Le ruisseau de Toaret n'est autre que le Thoré qui, à côté de Saint-Amans-Soult, donne son nom à Saint-Amans Val-Thoré ou Toret.

» tat de la paroisse entière de Saint-Clément,
» avec son église, avec la manse (1) ecclésias-
» tique, et dans ce même endroit, deux métai-
» ries qu'on appelle *Atturrim* et deux autres
» métairies à *Batpalmas*.

» Tout ce qui vient d'être énuméré, moi,
» Pons, comte susdit, et Garsinde mon épouse,
» nous le donnons, abandonnons et concédons
» à Dieu tout-puissant, à sainte Marie, à saint
» Pons, au monastère de Thomières, à l'abbé
» et à ses moines tant présents que futurs,
» à perpétuité, savoir : toutes les églises et
» villages sus-énoncés, et tout l'honneur déjà
» dit, et tout l'alleu et domaine, et tout le po-
» testat et toutes les paroisses sus-nommées,
» avec les dîmes et les prémices, les oblations
» et les cimetières (2), les terres cultivées et

(1) La loi franque avait donné à chaque église une manse entière exempte de toute charge excepté du service ecclésiastique. « La manse ou mense signifiait autrefois une certaine mesure de terre exempte d'impositions. » (Glaire, *Dict. des sc. eccl.*)

(2) Il n'était presque pas de seigneur, au xe siècle, qui ne possédât plusieurs églises ou paroisses, avec les dîmes, les prémices, les oblations et même le droit de sépulture dont il disposait comme de son patrimoine. (*Hist. gén. de Lang.*, tom. III, p. 68, N° I.)

» incultes, avec les vignes, les prés, les jar-
» dins et les arbres fruitiers et non fruitiers,
» avec les herbes, les dépaissances, les pâtu-
» rages, le parcours des eaux en tout sens,
» avec les moulins et toutes les digues établies
» soit pour la pêche soit pour la mouture.....
....

» avec les questes (1), les albergues (2) et les
» tailles, et toutes les actions, et les sceaux
» et la justice, et toutes leudes (3) et chasses,
» et tous actes et tout ce que nous avons dans
» l'honneur susdit et toutes ses dépendances.
» — Nous le donnons entièrement à Dieu et
» audit monastère, à perpétuité, sans en rien
» retenir, pour la rédemption et le salut de nos
» âmes et de celles de nos parents et fidèles,
» afin de pouvoir éviter les flammes dévorantes
» de la géhenne, les peines et la réclusion des
» enfers, ainsi que pour être associés, un jour,
» aux bataillons de la milice céleste, et obtenir

(1) Droit de tailles divers, avec la coutume de chaque pays.
(2) Droit du seigneur, et par suite obligation du vassal de loger ledit seigneur et sa suite en voyage : c'est de là que vient le mot *auberge*.
(3) Sorte de péage.

» avec eux les joies éternelles, comme aussi
» pour régner heureusement sans fin avec le
» Christ et ses fidèles pendant l'éternité des
» siècles.

» Quant à la possibilité de la revendication,
» ce qui est tout-à-fait absent de notre pensée,
» si, par un changement de notre volonté, nous
» ou quelqu'un de nos héritiers, ou quelque
» autre personne, s'efforce d'attaquer cette dona-
» tion qui est parfaite de notre part, que Dieu
» soit contre les revendicateurs témoin et
» juge plein de colère ; que les Saints invoqués
» dans l'acte en soient les défenseurs. Que la
» répétition soit de nul effet, et que la présente
» donation reste, pour toujours, avec ses sti-
» pulations, ferme et sans changements.

» A été faite la donation présente, au mois
» de novembre, la 936ᵉ année de l'Incarnation,
» la première du règne de Louis (d'Outre-mer).

» Ont signé : Pons marquis, qui a voulu
» cette donation et l'a confirmée de sa signa-
» ture ; Garsinde, son épouse, qui y consent ;
» Ragaubert, Vidim, Atton, Matfred, Ray-
» mond, Dagbert, Aimeric, Odon, Atrion,
» Guillaume qui a été prié de dresser la charte
» présente. »

On peut remarquer, que, dans ce document, Raymond comte de Toulouse ne se désigne que sous le nom de Pons ; il explique lui-même dans l'acte de la dédicace (1) de l'église du nouveau monastère, que c'est par dévotion pour le saint martyr qu'il a ajouté au sien le nom de Pons. C'est seulement dans la charte dressée à l'occasion de cette dédicace, qu'il est parlé des circonstances de l'élection du premier abbé de Saint-Pons, Otgarius, auparavant moine de Saint-Géraud d'Aurillac, ainsi que du concile d'Ausède, où se trouvèrent réunis tous les évêques de la province et divers abbés. — Ce document renferme même, à peu près textuellement, un décret du concile d'Ausède. C'est pourquoi il nous paraît intéressant de le donner en entier (2). Voici comment il s'exprime :

« Au nom du Seigneur Dieu Très-Haut. Qu'il
» soit porté à la connaissance de tous, rois,
» pontifes ou princes quelconques, présents et

(1) Et non dans la lettre de demande à l'abbé de Saint-Géraud, comme le dit la *France pontificale* de M. Fisquet. C'est encore dans la charte de la dédicace, et non pas dans u1 écrit dirigé au Souverain-Pontife, comme l'imprime M. Fisquet, que Raymond aurait dit : « Mais vous, ô évêque des évêques, Léon », etc.

(2) *Voir* aux Pièces justificaiives, N° II.

» futurs, que la seconde année du règne de
» Louis (d'Outre-mer), moi, Raymond, qui me
» nomme aussi Pons, primarquis et duc des
» Aquitains, et mon épouse Garsinde, avons
» offert, par dévotion au Seigneur Jésus-Christ
» et à sainte Marie sa mère, et au glorieux
» martyr saint Pons, dont j'ai pris expressé-
» ment le nom, un domaine de notre sujétion,
» pour y élever un monastère où des moines
» devront vivre sous la règle de saint Benoît.

» C'est pourquoi, d'Aurillac et du couvent du
» bienheureux saint Géraud, sous la puissance
» du vénérable Arnulf abbé, j'ai fait venir des
» religieux, et parmi eux, ici même, Otgarius
» a été nommé abbé, malgré sa résistance, par
» plusieurs évêques. Par testament solennel,
» nous soumettons le domaine en question au
» Siége apostolique de Rome ; en reconnaissance
» de quoi, dix sols (2) lui seront payés tous les
» cinq ans. Pour le reste, que la fondation soit

(1) Ce document existe aux preuves de l'*Histoire de Languedoc*, il avait été extrait par les Bénédictins du cartulaire de l'église de Saint-Pons, aux archives du roi, à Carcassonne. (Voir Catel, *Comtes*, p. 90 ; — Pièces justificatives, N° II).

(2) C'est par erreur que la *France pontificale* de M. Fis_quet ne porte cette redevance qu'à 5 sols tous les cinq ans.

» absolument libre de toute domination hu-
» maine ; de sorte que ni roi, ni évêque, ni nos
» proches, ni personne, n'ait jamais la pré-
» somption d'exercer aucun empire, pour quel-
» que cause et circonstance que ce soit, sur ce
» lieu et ses dépendances. Et pour que cela
» reste mieux gravé, comme aussi pour mieux
» réprimer certaines audaces, les évêques qui
» s'y rencontrèrent pour la dédicace de l'église
» ont fulminé l'anathème contre quiconque (ce
» qu'à Dieu ne plaise) se déclarera l'ennemi des
» moines ou des biens du monastère. Ces évê-
» ques sont : Aimeric métropolitain de Nar-
» bonne, Wisande de Carcassonne, Rodoald
» de Béziers, Théoderic de Lodève. Cet ana-
» thème comminatoire, que les évêques sus-
» nommés ont fulminé comme nous avons dit,
» a été confirmé par tous les évêques qui se
» sont depuis réunis au concile d'Ausède (1),

(1) On croit que le lieu d'Ausède où ce concile fut assemblé, n'est pas différent d'un hameau du même nom, où on a découvert des vestiges d'un ancien château. (*Hist. gén. de Lang.*, tom. III, p. 22, col. 2.) — Ce hameau, que nous avons traversé en septembre 1870, est tout-à-fait voisin de Notre-Dame de Trésors, dite de *Tredos*, qui dépendait de l'église de Saint-Sébastien de Prémian, il y a

» savoir : par Aimeric, Raynald, Wisand,
» Rodoald, Dagobert, Pons, Théoderic, Wa-
» dald, en un décret unanime, où, pour que
» nul n'ait l'audace d'inquiéter ou de ruiner la
» fondation que nous avons faite pour l'amour
» du Christ, de sa sainte Mère et du bienheu-
» reux Pons, on rapporte les menaces de Dieu
» faites par Moyse : Maudit soit celui qui dé-
» place la borne des possessions paternelles (1).
» Que dans tout l'univers, partout où se chante
» le psaume 82e, les voix de la multitude en-
» veloppent de l'imprécation qui est au milieu
» du psaume, le présomptueux, quel qu'il soit,
» qui usurpe le sanctuaire de la Divinité (2).
» Que Dieu le chasse comme une roue qui tourne
» sans cesse, ou comme un fêtu balayé devant
» l'aquilon......; qu'il couvre sa face de con-
» fusion afin qu'il invoque alors le nom de
» Dieu, et que, par force, il vienne à rési-

---

neuf siècles, comme on peut le voir dans la donation de l'archevêque de Narbonne que nous allons rapporter tout-à-l'heure.

(1) D'autres manuscrits portent : *proximi sui*, c'est-à-dire, qui change ce qui a été pieusement établi par le prochain.

(2) Certaines versions portent : *les biens consacrés à Dieu*.

» piscence, comme Héliodore le téméraire qui
» osa envahir le sanctuaire du Dieu vivant.

» Au reste, si quelque autre auquel j'aurais
» attribué des droits sur une portion de mes
» biens, veut jouir en paix de la chose trans-
» mise, qu'il considère combien serait crimi-
» nelle sa présomption d'inquiéter, par le moyen
» de n'importe qui, ce qui a été donné et con-
» sacré à Dieu et à sa sainte Mère. Si donc
» quelqu'un a cette audace, que Dieu voie et
» juge au mépris de qui, de quels droits et sur
» quels biens le téméraire aura empiété. Le
» péché sera pour lui et non pour moi. Car
» autant qu'il est en mon pouvoir, je fais cette
» donation pour moi, pour mon épouse, nos
» parents et nos fidèles, ainsi que pour ceux
» qui se déclareront les défenseurs du lieu, des
» moines et de leurs biens. — Quant à ceux qui
» voudront se déclarer ses adversaires, que
» Dieu leur résiste dès à présent, et que dans
» l'avenir ils soient associés (à moins de rési-
» piscence) à ceux qui ont dit à Dieu : Retirez-
» vous de nous, et dont les têtes ont été rédui-
» tes au néant. *Mais toi, évêque des évêques,*
» *pape universel, Léon* (1), ou celui, quel qu'il

(1) Léon VII. On a de Léon VII, à l'année 938, une lettre adressée à Aymeric métropolitain de Narbonne, et

» soit, qui te remplacera sur le saint-siége, je
» te confie cette cause, en sorte que, par l'au-
» torité et le pouvoir apostolique que tu as de
» lier et de délier, par respect des Apôtres,
» par égard pour nos prières, tu accorderas ta
» bienveillante protection et le pardon des pé -
» chés au lieu susdit, à ses moines et à leurs
» protecteurs. Résiste aux contradicteurs, et
» condamne-les partout où le présent écrit
» testamentaire sera produit authentiquement
» devant les princes. Si quelqu'un plein de bien-
» veillance vient au secours des moines pour le
» maintien de notre fondation, que Dieu tout-
» puissant, dispensateur de tous les biens, lui
» accorde sa grâce par amour pour la Vierge-
» Mère, et qu'il ait comme moi part aux mérites
» de cette fondation, etc............ Et pour
» que cette donation demeure stable pour tous
» les temps et irrévocable, nous l'avons soussi-
» gnée de notre propre main, et avons prié les
» évêques et les principaux de la province de la
» signer avec nous. Suivent les signatures :
» Raymond duc très-excellent, Garsinde son

à ses suffragants de la Marche d'Espagne, à l'évêque d'Elne
et à divers prélats des Gaules, pour la réformation des
monastères et la répression des usurpations laïques.

» épouse, Aimeric archevêque, Rodoald évêque,
» Docbertus évêque, Ugon évêque, Pons évê-
» que, Raynald évêque, Théoderic évêque,
» Wadald évêque, Wisand évêque, Dorbertus
» abbé, Odon abbé indigne, Arnulf abbé indi-
» gne, Suniarius abbé indigne, Robert abbé,
» Guido abbé. »

Comme on peut le conclure facilement d'après l'acte que nous venons de citer, le concile d'Ausède se tint peu de temps après la dédicace de l'église du monastère, et réunit tous les évêques de la province de Narbonne d'en deçà les Pyrénées, sauf l'évêque d'Uzès. — Nous savons, en effet, les siéges des quatre prélats qui firent la dédicace, savoir : Aimeric de Narbonne, Rodoald de Béziers, Théodoric de Lodève, Wisand de Carcassonne; nous connaissons aussi le siége des cinq autres (1) : Raynald était évêque de Nimes, Wadald occupait le siége d'Elne, Pons celui de Maguelone, Ugon ou Hugues était évêque de Toulouse et enfin Docbert ou Dagobert évêque d'Agde.

Si l'on veut connaître les siéges dépendants de Narbonne et situés dans la marche d'Espagne,

(1) *Histoire générale de Languedoc*, liv. XII, § xxx.

l faut énumérer ceux de Girone, Ausone (Vich), Urgel, avec celui de Pailhas ou Riba-gorça qui en quelque sorte dépendait d'Urgel, et Barcelone. Les abbés qui assistèrent au concile d'Ausède furent Dorbertus ou Dacbert de Sorèze, Arnulf d'Aurillac, Suniarius de Lagrasse, Robert de Caunes. — Odon ne serait autre, d'après les savants Bénédictins auteurs de l'*Hisoire de Languedoc*, que saint Odon de Cluny avec lequel l'abbé Arnulf d'Aurillac agit (1) toujours conjointement pour la propagation de leur réforme; — on ne sait pas de quel monastère Guido ou Gui était abbé. — En résumé, il est certain que le monastère et l'église étaient achevés en 936 et au plus tard l'an 937, puisque à cette date les moines étaient arrivés du couvent de Saint-Géraud d'Aurillac et que parmi eux on avait choisi Otgarius pour le revêtir de la dignité abbatiale. De plus, la dédicace fut faite au 15 août de l'an 937, si nous en croyons la chronologie des abbés et évêques de Saint-Pons. La charte de fondation porte la date de novembre 936, la première année du roi Louis.

(1) Voir Mabillon, anno 930, N° XVII, et anno 937, N° LXXXIII.

Quant à la translation des reliques de saint Pons martyr, que le comte de Toulouse fit transporter de Provence à la nouvelle abbaye, on lit dans le tome IV de l'*Italie sacrée* de Ferdinand Ughellus, après avoir parlé d'un saint Pons de Cemelle (1) et martyr : « Plus tard on
» apporta les reliques de saint Pons dans la
» Gaule Narbonnaise au monastère de Thomières
» que Pons comte de Toulouse avait construit
» en l'honneur de ce saint l'an 936 entre Pézenas
» et Carcassonne. »

Nous avons aussi une charte de l'an 939 (2) par laquelle le roi Louis d'Outre-mer confirme la fondation de l'abbaye de Saint-Pons. « C'est
» pourquoi, dit-il après un court préambule, nous
» voulons qu'il soit notoire aux fidèles de la
» sainte Eglise de Dieu et aux nôtres, tant
» présents que futurs, que notre cher comte et
» marquis Raymond, personnage illustre, ayant
» dépêché députés et moines vers notre sublime
» présence, a très-humblement supplié par eux,

---

(1) Cemelle ou Cemelie, petite ville qui était située entre Nice et Embrun.

(2) Aux preuves de l'*Histoire générale de Languedoc*. Nous insérons cette charte dans notre Appendice des pièces justificatives, N° III.

» Notre Grandeur, de daigner prendre, sous
» l'immunité de sa protection, le monastère de
» Thomières, qui est situé au pays de Narbonne
» et fondé en l'honneur de Marie la sainte Mère
» de Dieu, des saints Apôtres Pierre et Paul et
» des bienheureux Pons, etc., aussi, pour
» mériter les éminentes prières de la sainte
» Mère de Dieu et pour l'accroissement de ladite
» fondation, nous lui octroyons dans les limites
» de notre royaume au comté de Béziers notre
» cour de Jerra (*curtem nostram Jerra, aliter*
» *Tenero*) avec toutes ses appartenances et les
» serfs des deux sexes, etc. »

Parmi les députés que le comte de Toulouse expédia au roi Louis d'Outre-mer, il faut compter saint Odon de Cluny, qui est nommé dans la charte que nous venons de citer (1). En effet, le saint abbé de Cluny avait une inspection générale sur tous les monastères de sa réforme, et nous venons de voir que la nouvelle fondation de Saint-Pons était précisément peuplée

---

(1) Au sentiment de M. Fisquet *(France pontificale*, art. Oger 1er abbé de Saint-Pons) qui veut qu'on se garde bien de confondre cet Odon avec saint Odon de Cluny, nous préférons le sentiment de Dom Vaissete qui affirme cette identité en la discutant.

de moines de cette réforme. Ce fut à Laon, dont le nom latin s'écrit de deux manières *Laudunum* ou *Lugdunum clavatum*, que l'ambassade rencontra Louis d'Outre-mer, et c'est de cette ville, plutôt que de celle de Lyon, comme l'ont avancé certains, qu'est délivré le diplôme avec la date du 2 août, la dixième année du règne de Louis d'Outre-mer.

Nous ne pouvons passer sous silence les donations (1) que l'archevêque de Narbonne et l'évêque de Béziers firent à notre abbaye en l'an 940. — On y retrouve les mêmes noms que portent encore aujourd'hui nombre de paroisses de notre diocèse de Montpellier héritier de cinq diocèses de l'ancienne métropole Narbonnaise. D'ailleurs, pour un sanctuaire catholique, il n'est pas indifférent d'avoir une existence et une histoire de plusieurs siècles : c'est ce qui nous engage à ne passer aucun nom sous silence.

« Au nom de N.-S. J.-C. », dit l'archevêque de Narbonne, « nous voulons qu'on sache notre
» contentement et notre bonheur de la fondation
» du monastère de Saint-Pons de Thomières....
» et parce que notre temps a vu l'érection d'un

(1) Nous les insérons aux Pièces justificatives, N° IV.

» endroit si pieux et si vénérable..... désirant
» participer aux mérites d'une si magnifique
» aumône, moi, Aimeric archevêque, et nous,
» chanoines de la métropole, nous donnons,
» abandonnons et cédons de tout cœur et de la
» meilleure volonté et à perpétuité au monastère
» de Saint-Pons martyr du Christ...., à l'abbé
» Otgarius, savoir : l'église de Saint-Martin de
» Jaur avec la chapelle de Saint-Martin de
» Cussas de la même paroisse, l'église de Saint-
» Garcin de Bisons, l'église de Saint-Étienne
» de Cavall avec la chapelle de Saint-Martin
» d'Uscadellas de la même paroisse, l'église de
» Saint-Jean de Fraysse, l'église de Saint-
» Pierre de Riols avec la chapelle de Sainte-
» Eulalie de la même paroisse, l'église de Saint-
» Sébastien de Promian avec la chapelle de
» Sainte-Marie de Tresors, les églises de
» Saint-Étienne et de Saint-Amans d'Albanian,
» l'église Sainte-Marie de Ferrières, l'église de
» Saint-Jean de Divoliola, l'église de Saint-Pierre
» de Figueiras, l'église de Saint-Bausile de
» Montouliers avec les chapelles de Saint-Pierre
» de Bisan, l'église de Sainte-Marie et Saint-
» Julien de Maillac et l'église de Saint-Jacques
» de Corts. »

De son côté, l'évêque de Béziers et son chapitre, cette même année (1) et ce même mois d'août, donnent au monastère de Saint-Pons par piété (*intuitu pietatis*) l'église de Sainte-Eulalie de Thomières, l'église de Sainte-Marie de Betiano *(Beciano)*, l'église de Sainte-Marie de Geminiano et l'église de Saint-Pons de Barausam. Si nous ajoutons que le vicomte d'Albi, Atton, augmenta les dépendances de la nouvelle abbaye par une donation (2) faite en 942 au mois d'avril, on comprendra sans peine que le monastère de Saint-Pons eut dès les premiers jours de sa fondation une notoriété incontestable. La donation du vicomte Atton consistait dans l'évêché d'Albi et dans la viguerie de Lautrec ou *Lastrinco*, au village de *Brucia* dont ledit vicomte attribuait l'alleu, le potestat et la paroisse entière de Saint-Sauveur de Brousse à Otgarius et à

---

(1) Quoique de la même année et du même mois, il existe dans les deux chartes une différence qui porte sur l'année du règne de Louis d'Outre-mer. La donation de l'archevêque est datée : « *Ab Incarnatione* DCCCC XL *mense Augusto anno* III *regnante Ludovico* », et celle de l'évêque de Béziers : « DCCCCXL *mense Augusti anno quarto regnante Ludovico.* » Il y a évidemment une erreur de copiste dans la charte de l'archevêque à l'année du règne de Louis d'Outre-mer.

(2) *Voir* Pièces justificatives, N° V.

ses moines. Il leur donnait en même temps dans l'évêché de Rodez et la viguerie de Camarès et la paroisse de Saint-Maurice tout l'alleu et le le potestat du territoire entier de Villeneuve.

De la fondation de l'abbaye de Saint-Pons de Thomières il faut donc retenir : que ce fut Raymond Pons, comte de Toulouse, et son épouse Garsinde, qui en jetèrent les premiers fondements et en furent les insignes et premiers bienfaiteurs.

Les moines qui peuplèrent le monastère dès l'origine, étaient bénédictins de la réforme de Saint-Odon de Cluny, et vinrent de l'abbaye de Saint-Géraud d'Aurillac que gouvernait alors Arnulf ou Arnoul. Le premier abbé élu, malgré sa résistance, par les nouveaux moines, et consacré par les évêques de la province, s'appelait Otgarius et recevait en 942 la donation du vicomte d'Albi. La fondation était soumise directement à l'Église romaine, à l'exclusion de toute autre souveraineté, et, pour marque de cette sujétion, l'abbaye nouvelle devait payer au Saint-Siège dix sols tous les cinq ans. Enfin, le roi de France confirmait et approuvait toutes ces dispositions, en se déclarant le protecteur du monastère auquel il faisait certaines largesses. Ainsi réglée, favorisée, hautement patronnée et richement dotée, notre abbaye allait prendre, au siècle suivant, un essor admirable, que devaient accélérer encore la haute réputation de régularité où elle s'était maintenue, sa dépendance directe du Saint-Siége, et la sainteté des abbés que la divine Providence lui ménageait pour la fin du onzième siècle.

FIN.

APPENDICE.

I.

DOTATION DE L'ABBAYE DE SAINT-PONS DE THOMIÈRES PAR RAYMOND PONS, COMTE DE TOULOUSE.

(Année 936.)

(Archives de l'église de Saint-Pons. — Voy. Catel, *Comtes*, p. 88.)

Rege regum Domino nostro Jesu-Christo præcipiente didicimus : *Date eleemosinam*, etc. Igitur enim in Dei nomine, ego Pontius gratia Dei comes Tolosanus, primarchio et dux Aquitanorum, et uxor mea Garsindis, propter remedium et salutem animarum nostrarum, ut pium judicem divinum sentiamus placatum in angustiis nostris cum venerit judicare vivos et mortuos, et pro genitore nostro Raimundo, et genitrice mea, et pro consanguineis nostris et fidelibus nostris omnibus, seu pro salute vivorum et requie omnium defunctorum fidelium, damus, laudamus et concedimus omnipotenti Deo, et genitrici ejus S. Mariæ, et beato Petro Apostolorum principi, et sancto Paulo doctori egregio, nec non et glorioso martyri Pontio, Thomeriensi monasterio, et domno abbati Otgario, et monachis ejusdem monasterii tam præsentibus quam futuris ; videlicet totum allodium et totum protestativum de villa nostra dominicata quæ dicitur Thomières, cum ipsa ecclesia quæ est fundata in honore sancti Martini cui vocabulum est de Jauro, et rebus omnibus ad se pertinentibus, et in alio loco villa quæ dicitur Gasanus, et alia villa quæ Prata dicitur ; Tarborerios quatuor mansos, in Asiniano mansos duos ; in Carsumaio mansos duos ; et in loco qui dicitur Simbergas mansos duos ; in Telito mansos duos; in alio vero loco villa quæ dicitur Opiniaco et alia quæ dicitur Carturanis; in Condadas mansum unum et villa alia quæ Salissias dicitur, et alia villa quæ Taucina vocatur, et alia villa quæ Cornon dicitur, alia villa quæ Marthomis vocatur; in Palissineto mansos duos; in Crosato mansos tres; in Bonatias mansos quatuor; in Cabanario mansos sex; in Brassiano mansos sex; ad Pelludos mansos duos; in Tursarias mansos quatuor; in Proliano mansos tres; et in loco qui dicitur Riolet vineas duas dominicatas et prato uno dominicato. Damus similiter totum allodium et totum potestativum de omni parrochia S. Saturnini de Bison, cum ipsa ecclesia et cum omni territorio usque ad pontem d'Elbina : confrontatur ab oriente cum dominio de Sorieiras, a meridie in summitate montis Colim, ab occidente in Ponto-Silvestri aquæ d'Elbina, ab aquilone rivo de Toaret : omnis honor predictus est in episcopatu Narbonensi. Et in alio loco in episcopatu Albiensi in loco qui vocatur Vetus-Murense damus similiter totum allodium et totum potestativum de omni parrochia S. Clementis, cum ipsa ecclesia, cum manso ecclesiastico, et in ipso loco mansos duos qui dicuntur Atturrim, et alios duos mansos ad illum qui dicitur Batpalmas. Hæc omnia prædicta ego Pontius comes jam dictus et uxor mea Garsindis damus, laudamus et concedimus omnipotenti Deo, et sanctæ Mariæ, et sancto Pontio Thomeriensi monasterio, et abbati et monachis ejusdem monasterii tam præsentibus quam futuris in perpetuum, scilicet omnes ecclesias et villas prædictas et totum honorem prædictum, et totum allodium et dominium, et totum potestativum de omnibus parrochiis jam dictis, cum decimis et primitiis, cum oblationibus et cimeteriis, cum terris cultis et incultis, cum vineis et hortis, cum pratis et arboribus fructiferis et infructiferis, et cum herbis, pascuis, et pasturalibus, et aquarum cursu et recursu, cum molendinis et cum omnibus paxeriis tam de piscatoriis quam de molendinis, et furnos cum rivis et fontes, montes et colles et valles, et mundas cum nemoribus, cum sylvis et forestis, et cum omnibus finalibus et mercariis et sirnum jugiis, et cum hominibus et famulabus inde naturalibus, et questus, et albergas, et firmantias, et tallias, et omnes actiones, et segnis, et justicias, et omnes satyros et leudas et persulira, et venationes, et omnes actus, et quidquid in jamdicto honore et in omnibus suis pertinentibus habemus, totum illud damus Deo et monasterio prædicto in perpetuum absque omni retentione, pro redemtione et salute animarum nostrarum, parentum et fidelium nostrorum, ut possimus evadere gehennæ incendii flammas, et pœnas et infernorum claustra, atque conjungi sanctorum agmini, et sine fine obtinere cum illis sempiterna gaudia, et cum Christo et fidelibus suis feliciter regnare sine fine per æterna sæcula. De repetitione vero, quod fieri minime credimus, si nos immutata voluntate nostra, aut ullus hæredibus nostris, aut ulla emissa persona quæ contra hanc nostram donationem ullam calumniam generare conatus fuerit, iram Dei incurrat et contra se testem et judicem habeat, et sanctos ejus exactores omnes et rei defensores, et sua repetitio nullum effectum obtineat, sed hæc præsens donatio firma et inconvulsa permaneat omni tempore cum stipulatione subnixa. Facta donatio ista in mense Novembris anno DCCCC. XXXVI. divinæ Incarnationis, primo anno Ludovico rege sedem regni ejus gubernante. Signum Pontii Marchionis qui hanc donationem fieri aut affirmare rogavit. S. Garsindis uxoris ejus consentientis. S. Ragauberti. S. Vidimi. S. Attoni. S. Matfredi. S. Raimundi. S. de Agberto. S. Aimerici. S. Odonis S. Atrio. S. Guillelmus qui hanc cartam scripsit rogatus.

II.

DÉDICACE DE L'ÉGLISE DE SAINT-PONS DE THOMIÈRES.

(Année 937.)

(Cartulaire de l'église de Saint-Pons aux Archives du Roy
à Carcassonne. — Voy. Catel, *Comtes*, p. 90.)

In nomine Domini Dei summi. Notum sit omnibus tam regibus quam pontificibus et quibuslibet primariorum ordinibus videlicet præsentibus atque futuris, quod anno secundo regnante domno Ludovico rege, ego Raimundus qui est Pontius, primarchio et dux Aquitanorum, et uxor mea Garsindis quoddam nostri juris prædium Christo Domino et sanctæ genitrici ejus Mariæ, nec non et sancto Pontio glorioso martyri, ob cujus nomen sic et ipse vocor, ea devotione obtulimus, ut ibidem cœnobium fieret in quo monachi secundum regulam sancti Benedicti conversarentur. Qua de causa etiam de Aureliaco beati Geraldi cœnobio quosdam fratres sub manu venerandi abbatis Arnulphi venire feci, ex quibus et ibidem a pluribus episcopis abbas Otgarius, equidem nolens, ordinatus est. Facto autem solemni testamento prædictum locum Romanæ apostolicæ sedi ita subjectum esse decrevimus, ut per quinquennium decem solidi pro recognitione ibidem persolvantur. De cætero sit locus ipse a dominatu omnium hominum liber et absolutus, ut neque rex, neque episcopus, neque ullus ex propinquis nostris, neque ulla quælibet unquam persona dominatum exercere sub aliqua occasione, vel in loco, vel in rebus ad ipsum pertinentibus præsumat. Ad hoc autem plenius inculcandum et quorumlibet audaciam reprimendam, omnes episcopi qui ad dedicandam ecclesiam convenerunt, illum qui forte (quod absit) vel monachis, vel rebus eorum contrarius extiterit sub anathematis vinculo enodarunt. Sunt autem hi Aimericus metropolitanus ecclesiæ Narbonensis, Wisandus Carcassonensis, Rodoaldus Biterrensis, Theodericus Lodovensis. In terminationem vero istam quam prædicti episcopi, ut dictum est, præfixerunt omnes episcopi qui dehinc ad Ausedinense concilium convenerunt, videlicet isti : Aimericus, Rainaldus, Wisandus, Rodoaldus, Dagobertus, Pontius, Theodericus, Wadaldus, communi nihilominus decreto firmaverunt. Et ut nostram constitutionem pro amore Christi, et sanctæ Genitricis ejus, atque beati Pontii factam nullus infringere aut inquietare audeat; comminationem Dei per Moysem illatam imprimis dicentem : *Maledictus qui transfert terminos patrum suorum* [*Al. proximi sui*], id est qui mutat hoc quod a quolibet proximo pie sancitum est. Et ubicumque per orbem terrarum LXXXII psalmus canitur, omnis multitudo psallentium illam imprecationem quæ medio psalmo continetur, contra illum quisquis ille est qui sanctuarium [*Al. res servorum*] Dei possidere præsumpserit intorqueat, ut scilicet : *Ponat illum Deus sicut rotam quæ instabiliter volvitur et sicut stipulam ante faciem venti*, et cætera, quousque impleat Deus faciem ejus ignominia ut quærat nomen ipsius, et sicut Heliodorus qui ejusdem Dei sanctuarium temerate præsumpsit coërcitus resipiscat. Cæterum sit alius aliquis, cui forte de rebus juris mei partem tribuero, rem sibi traditam possidere quietus voluerit, et videre quam nefarium est si id quod Deo et sanctæ Genitrici ejus Mariæ traditum et consecratum fuerit, immissa quælibet persona inquietare præsumpserit : si ergo aliquis hoc fecerit, videat Deus et judicet ad cujus injuriam et despectum res ei traditas temerate præsumpserit, se ergo lædebit non me. Nam quantum ex me est, ego donationem hanc sicut pro me, et conjuge mea, nostrisque parentibus et meis fidelibus facio, sic pro illis qui loco, et monachis, vel rebus eorum adjutores extiterint. Qui vero resistere voluerint, Deus illis resistat etiam in præsenti, et in futuro socientur illis (nisi resipuerint) qui dixerint Domino Deo : recede a nobis, et quorum cervices in nihilum redactæ sunt. Tu vero, ô episcoporum episcope universalis papa Leo, vel quicumque in sancta [*Al. ista*] sede tibi successurus est, apud te causam istam depono, ut sicut per apostolicam auctoritatem habes potestatem ligandi atque solvendi, quæso per reverentiam Apostolorum, ut prædicto loco ac monachis nec non et adjutoribus eorum faveas et eos absolvas : contradictoribus eorum obsistas et eos condemnes ubicumque hæc testamentaria auctoritas coram principibus prolata fuerit. Quisque benevolus hanc inconvulsam esse voluerit et monachis adjutorium impenderit, Dominus omnipotens, bonorum omnium distributor, det illi gratiam pro amore Genitricis suæ, et hæc ipsa oblatio pro ipso sit sicut pro me. Et contra vero quicumque sanctuarium hoc, contempto Christi nomine ac sanctæ Genitricis ejus, inquietare præsumpserit, omnes maledictiones et comminationes quæ in divina lege continentur in eum jaculentur, et quia noluit benedictionem elongetur ab eo ; sicut Judas proditor, Datan quoque et Abiron qui viventes descenderunt in infernum, ita et isti cumulum æternæ damnationis præcipites incurrant. Ut autem hæc donatio firma et stabilis permaneat omni tempore, manu propria subterfirmavimus, et comprovincialibus nostris episcopis et primariorum ordinibus adfirmare rogavimus. Signum Raimundi excellentissimi ducis. S. Garsindis conjugis ejus. Aimericus archipræsul, Rodoaldus episcopus, Docbertus episcopus, Ugo episcopus, Pontius episcopus, Rainaldus episcopus, Theodoricus episcopus, Wadalmus episcopus, Wissandus episcopus, Dorbertus abba. Odonus indignus abba. S. Arnulfi indigni abbatis. Suniarius abba indignus, Robertus abba, Guido abba.

III.

CHARTE DU ROI LOUIS D'OUTRE-MER EN FAVEUR DE L'ABBAYE DE SAINT-PONS.

(Année 939.)

(Cartulaire de l'abbaye de Saint-Pons. — Voy. Catel, *Comtes*, p. 81.)

In nomine sanctæ et individuæ Trinitatis, Ludovicus divina propitiante clementia rex. Si erga loca sanctorum divinis cultibus mancipata beneficia opportuna largimur, præmium nobis apud Deum æternæ remunerationis non diffidimus rependi. Idcirco notum esse volumus sanctæ Dei ecclesiæ fidelibus et nostris tam præsentibus quam futuris, quod quidam illustris vir ac dilectus comes seu marchio Raimundus præsentiæ sublimitatis nostræ suos dirigens legatos atque monachos, humillimis precibus per eos nostram deprecatus est celsitudinem, ut suum monasterium quod est in pago Narbonense situm, nomine Tomerias, in honore sanctæ Dei genitricis Mariæ, sive sanctorum apostolorum Petri et Pauli, et beati Pontii martyris fundatum, ubi præest domnus Oddo abba, una cum norma monachorum ibidem Deo famulantium, et res ejusdem monasterii quas iidem abbas et monachi tenent, et prædia quæ præfatus marchio jam dicto loco delegavit, et prædia seu vineas et mansos cum omnibus suis pertinentiis tam in rebus quam in mancipiis, sub immunitatis tuitione suscipere dignaremur, et ut precibus sanctæ Dei genitricis fulciri mereamur, ad augmentum ipsius loci infra fines regni nostri in comitatu Bitterrensi, cedimus curtem nostram Jerra [*Al. Tenero*] cum omnibus suis pertinentibus, cum servis et ancillis. Cujus petitiones ratas esse cognoscentes, animæque nostræ salutem nihilominus perpendentes libenter ei assensum præbuimus, et hanc nostram authoritatem erga prædictum monasterium vel rectores illius sub plenissima immunitatis nostræ defensione fieri decrevimus, per quam præcipimus atque jubemus ut ipse abbas ac monachi ibidem degentes sint [*Al. sint ullius*] sub nullius judicis potestate, nisi ipsius Raimundi et abbatis ejusdem loci; sub nostro mundiburdo tuti permaneant, et nullus judex publicus, vel quislibet ex judiciara potestate, in ecclesias, aut loca, vel agros seu reliquas possessiones præfati monasterii, quas in moderno tempore in quibuslibet pagis seu territoriis infra ditionem regni nostri juste et legaliter possidet, atque deinceps in jure ipsius sancti loci divina pietas augere voluerit, ad causas audiendas, vel freda exigenda, aut mansionaticos vel paratas faciendas, aut fidejussores tollendos, seu homines ipsius monasterii tam ingenuos quam alios super terram commanentes distringendos, nec ullas redhibitiones aut illicitas occasiones quæ supra memorata sunt penitus exigere præsumat; sed liceat præfato abbati ejusque successoribus et monachis res supradicti monasterii sub nostra immunitatis tuitione quieto ordine possidere, quatenus ipsis servis Dei Domino famulantibus, pro nobis ac regni nostri statu omnipotentis Dei misericordiam suis precibus exorare valeant. Ut autem hujus immunitatis atque confirmationis nostræ authoritas majorem in Dei nomine obtineat vigorem, manu propria subterfirmavimus et annuli nostri impressione sigillari jussimus. Ginsiabertus [*Al. Vinsubius*] comes recognovit. Signum Ludovici gloriosissimi [*Al. serenissimi*] regis, Bonealus episcopus, Ruanus notarius. Datum IV. [*Al. ante nonas April.*] nonas Augusti, anno quarto regnante Ludovico serenissimo rege. Actum apud Lugdunum, in Dei nomine feliciter. Amen.

IV.

DONATIONS D'AYMERIC ARCHEVÊQUE DE NARBONNE ET DE RODALDUS ÉVÊQUE DE BÉZIERS A L'ABBAYE DE SAINT-PONS DE THOMIÈRES.

(Année 940.)

(Archives de St.-Pons de Thomières.— V. Mab., *Annal.*, T. III. p. 711.)

In nomine Domini nostri Jesu-Christi. Ego Aymericus Dei gratia Narbonensis archiepiscopus, notificare volumus cunctis hæc audientibus, quod multum gaudemus et exultamus de ædificatione monasterii sancti Pontii Tomeriensis, quod domnus Pontius dux Aquitanorum et comes Tolosanus ædificavit et dotavit, abbatem et monachos ibi constituens, ut regulariter vivant secundum regulam S. Benedicti : et quia in diebus nostris tam venerabilis religiosusque locus ædificatus est ; volumus et cupimus cum magno desiderio, monasterium prædictum dotari ad sustentationem monachorum qui ibi Deo serviunt et in futurum servituri sunt, ut tantæ eleemosinæ participes esse mereamur. Igitur ego Aymericus archiepiscopus prædictus, et nos canonici prædictæ sedis, bono animo et bona voluntate damus, laudamus et concedimus, ac præsenti charta in perpetuum tradimus Domino Deo, et sanctæ Mariæ, et monasterio sancti Pontii martyris Christi Tomeriensis, et domno abbati Otgerio, et monachis ejusdem monasterii præsentibus et futuris ibidem Deo servientibus, videlicet ecclesiam S. Martini de Cussas de ipsa parrochia, et ecclesiam sancti Garcini de Bisons, et ecclesiam sancti Stephani de Cavall cum capella S. Martini de Uscadellas de ipsa parrochia, et ecclesiam S. Joannis de Frayssa, et ecclesiam sancti Petri de Riols cum capella sanctæ Eulaliæ de ipsa parrochia, et ecclesiam S. Sebastiani de Promiano cum capella sanctæ Mariæ de Tresors, et ecclesias S. Stephani et S. Amantii de Albania, et ecclesiam sanctæ Mariæ de Feireras, et ecclesiam S. Joannis de Divoliola, et ecclesiam S. Petri de Figueiras, et ecclesiam S. Baudelii de Monte Olerio cum capellis S. Petri de Bisano, et ecclesiam sanctæ Mariæ et S. Juliani de Malliaco, et ecclesiam S. Jacobi de Corts. Has omnes prædictas ecclesias ego Aymericus archiepiscopus et ego Petrus archidiaconus, et ceteri canonici Narbonensis sedis, damus, laudamus et concedimus Deo, monasterio S. Pontii supradicto, et abbati et monachis prædictis et eorum successoribus in perpetuum, cum omnibus decimis et primitiis et oblationibus et cum omni ecclesiastico jure tam decimarum quam aliarum rerum, sicut unquam prædictæ ecclesiæ habuerunt, vel habere debuerunt, vel possiderunt, vel habere debent. Sic damus Domino Deo et monasterio prædicto in perpetuum absque omni retentu, libere et absolute, et absque omni usatico; salvis tamen synodis de ecclesiis prædictis, exceptis capellis omnibus, et excepta ecclesia S. Baudilii de Monte Olerio, et exceptis ecclesiis prædictis de Malliaco. Si quis autem sciens contra hanc donationem nostram venire tentaverit, etc. Factum est hoc donum anno Domini ab Incarnatione DCCCC.XL. mense Augusto, anno III. regnante Ludovico rege Francorum. Signum Aymerici archiepiscopi Narbonensis, qui hanc cartam fieri jussit, et factum laudavit, et testes firmare rogavit, et hoc signum fecit. † Sign. Petri archidiaconi, et ceterorum canonicorum Narbonensis sedis qui hanc cartam fieri jusserunt, et laudaverunt, et testes firmaverunt. Sign. Rodaldi episcopi Bitterrensis. † Sign. Guisandi Carcassonensis episcopi. † Sign. Theoderici episcopi Lutevensis. † Sign. Pontii episcopi. † Sign. Reynardi episcopi. † Sign. Datberti episcopi. † Sign. Hugonis episcopi. † Sign. Guadaldi episcopi. † Sign. Bisandi episcopi. † Sign. Datberti abbatis. † Sign. Odoni abbatis. † Sign.

Arnulfi abbatis. † Sign. Suniarii abbatis. † Sign. Rotberti abbatis. † Sign. Guidonis abbatis. † Sign. domni Pontii ducis Aquitanorum et comitis Tolosani. † Sign. Guarsindis uxoris ejus. Sign. Hugonis comitis. Sign. Arnaudi vicecomitis. Sign. Sicardi vicecomitis. Sign. Atonis. Sign. Pontii qui hanc cartam scripsit jussu prædictorum anno et die quibus supra.

(Année 940.)

In nomine Domini nostri Jesu Christi. Noscant præsentes pariter et futuri, quod nos Rodaldus Dei gratia Bitterrensis episcopus, et nos canonici Bitterrensis sedis, bono animo et bona voluntate et intuitu pietatis damus, laudamus et concedimus Deo et sanctæ Mariæ, et monasterio sancti Pontii Tomeriarum, et domno abbati Otgerio, et monachis ejusdem monasterii præsentibus et futuris, videlicet ecclesiam sanctæ Eulaliæ de Tomeriis, et ecclesiam sanctæ Mariæ de Betiano, et ecclesiam sanctæ Mariæ de Geminiano, et ecclesiam sancti Pontii de Barausam. Has omnes prædictas ecclesias nos Rodaldus episcopus et canonici præfatæ sedis damus et concedimus Deo et monasterio prædicto, cum omnibus decimis et primitiis et oblationibus, et cum omni ecclesiastico jure tam decimarum quam aliarum rerum, sicut unquam prædictæ ecclesiæ habuerunt vel habere debuerunt, et sicut possident et possidere debent; sic damus Deo et monasterio prædicto in perpetuum absque omni retentu libere et absolute et absque omni usatico vel servitio, salvis tamen synodis de ecclesia sanctæ Eulaliæ de Tomeriis et de ecclesia sanctæ Mariæ de Beciano. Si quis vero contra hanc nostram donationem venire tentaverit, non hoc valeat vindicare quod requirit, sed insuper admonitus, nisi resipuerit, et Deo et sanctis ejus et monasterio prædicto satisfecerit, iram Dei omnipotentis nimis tremendam incurrat, et cum diabolo et ejus ministris depereat, et anathema maranata efficiatur, et cum Datan et Abiron qui viventes in infernum descenderunt subjungatur, et cum Juda Iscariot qui Deum et Dominum tradidit societur subiturus pœnas perpetuas. Factum est hoc donum anno ab Incarnatione Domini D CCCC.XL, mense augusti, anno quarto regnante Ludovico rege. S. Rodaldi episcopi Bitterrensis et canonicorum Bitterrensis sedis, qui hanc chartam donationis fieri jusserunt, et actam laudaverunt. S. domni Aymerici Narbonensis archiepiscopi, qui hoc donum de omnibus ecclesiis prædictis, sicut supradictum est, et Deo et monasterio prædicto sancti Pontii in perpetuum laudavit, et concessit, et hoc signum fecit. † S. Eusandi [*Leg. Gisandi*] Carcassonensis episcopi. † S. Theoderici episcopi Lutevensis. † S. Arnulfi abbatis. S. Rotberti, abbatis. † S. D. Pontii comitis Tolosani et ducis Aquitanorum S. Hugonis comitis. S. Arnauldi vicecomitis. S. Sicardi vicecomitis. S. Attonis. Sign. Pontii, qui hanc chartam scripsit jussu prædictorum.

V.

DONATION FAITE A L'ABBAYE DE SAINT-PONS PAR ATTON VICOMTE D'ALBI.

(Année 942.)

(Cartulaire de l'abbaye de Saint-Pons.)

Sancitum est longo maximoque tempore Constantini imperatoris, ut si quilibet de re sua pro peccatis commutare vel donare voluerit quod in alieno jure constitutum est, ut sua libeat potestate. Igitur ego in Dei nomine, Atto gratia Dei vicecomes, consilio et voluntate uxoris meæ, bono animo et bona voluntate, et pro redemptione peccatorum meorum et parentum meorum, et pro redemptione animæ patris mei Bernardi et matris meæ, et pro omnibus consanguineis laudo, concedo, et cum hac præsenti carta in perpetuum trado omnipotenti Deo, et sanctæ Dei genitrici Mariæ, et sancto Pontio Thomeriensi monachis, et D. abbati Otgerio, et monachis ejusdem monasterii præsentibus et futuris in perpetuum, videlicet in episcopatu Albiensi in vicaria Lastrinco, totum alodium et totum potestativum de villa et de omni parrochia sancti Salvatoris de Brucia. Dono similiter Deo et monasterio prædicto in perpetuum in alio loco episcopatu Ruthenensi, in vicaria Camarense, in parrochia sancti Mauritii, totum alodium et totam potestatem de omni territorio de Villanova. Estque sciendum quod eumdem honorem de Brucia dedit mihi domnus Pontius comes Tholosensis pro prædicto honore de sancto Mauritio prædictus comes jam dicto monasterio in perpetuum designavit. Hæc omnia prædicta ego Atto vicecomes dono, laudo, et concedo omnipotenti Deo, et sanctæ Mariæ, et sancto Pontio Thomeriensis monasterii, et abbati et monachis ejusdem monasterii tam præsentibus quam futuris in perpetuum, scilicet totum alodium et totam potestatem et dominium de prædicto honore de Brucia et de Villa nova cum eorum pertinentiis, et cum terris cultis et incultis, et cum arboribus fructiferis et infructiferis, cum nemoribus et silvis, herbis cum pratis, cum domibus et curtibus, cum mansis, hortibus aquarum cursus et recursus, cum molendinis, paxeriis, furnos, et montes et valles, cum ripariis, cum fructibus pasturalibus et cum omnibus feralibus et vicariisque atque servientagiis, venationibus et cum hominibus et fæminabus inde naturalibus, et omnes usaticos, et tallias, et questas, et albergas, et fermancias, et justitias, et omnes actus; et quidquid in jamdicto honore habeo, totum illud dono Deo, et monasterio sancti Pontii in perpetuum absque omni retentione. Et de repetitione verum quod fieri minime ac dolose, ego ipse aut ullus de hæredibus meis, aut ulla immissa persona, quæ contra hanc cartam donationis venerit ad irrumpendum, nisi pœnitentiam satisfactionis egerit, imprimis iram omnipotentis Dei incurrat, et maledictionibus subjaceat quæ in psalmis continentur, volvatur ut rota et sicut stipula ante faciem venti, impleatur facies ejus ignominia ut quærat nomen Domini, fiant filii ejus orphani et uxori ejus judicium, et cum Dathan et Abiron, et cum Juda traditore in infernum semper ardeat. Facta est carta hujus donationis in mense aprilis, anno ab Incarnatione Domini DCCCCXLII. anno VII. regnante Ludovico rege. S. Attonis vicecomitis, qui hanc cartam donationis manibus suis firmavit, et testes firmare rogavit. S. Frotatarius episcopus. S. Bernardus. S. Hugonis comitis. S. Dagberga. S. Amalrici. S. Jozet. S. Andreas, qui hanc cartam scripsit rogatus.

VI.

CONSÉCRATION DE L'ÉGLISE DE L'ABBAYE DE SAINT-MARTIN DE LEZ.

(Année 1045.)

(Archives de l'église de Narbonne.)

In nomine sanctæ et individuæ Trinitatis. Hæc est notitia dotis, quæ facta est ex consecratione cœnobii almi confessoris et præsulis Martini, quod est fundatum in comitatu Fenoliotensi, in valle antiquitus vocitata Bollecarne, quod alio nomine vocatur Lenis, juxta fluvium qui dicitur Atax. Anno MLV. Incarnationis Dominicæ. Eihenrico autem regis Franciæ XV. jussu domni Guifredi sanctæ primæ sedis Narbonensis archiepiscopi, venit Guifredus Carcassonensis pontifex cum maxima multitudine populi ad dedicandam basilicam præscripti cœnobii cujus primatum tenet jamdicti venerandi præsulis Martini altare, juxta qualem requiescunt pignora sanctorum confessorum Justi et Lazari, ubi etiam sunt altaria a dextris, videlicet in Salvatoris mundi nomine, et omnium sanctorum, cum reliquiis ibi repertis, et perpetuæ Mariæ virginis cum preciosis ex vestimentis ipsius non parvæ quantitatis partibus. Idem etiam titulus orationis consistit honore dilecti domni Johannis, ut quorum una fuit a Domino commissa societas virginalis, sit a fidelibus Christi communia vota venerationis. Aliorum vero, quorum ibi sunt reliquiæ sanctorum tanta fuit reperta multitudo, ut hominibus quidem incognita, sed soli cognitori omnium sint manifesta Domino : unde hisdem præsul Guifredus, Dei et sanctorum ejus ductus amore, præcipiente suo metropolitano domno Guifredo ad cujus diocesim pertinet idem locus, quidquid a Christi fidelibus collatum fuit vel fuerit ibi a priscis vel futuris temporibus, ita sub dominatione abbatum ejusdem loci et monachorum ibi degentium observari instituit, ut in omnibus prædiis alodium illorum, nulla sit persona potens vel inferior quæ vim alicujus servitii subi audeat vindicari, et hominibus illorum infra cunctos terminos eorum consistentium. Sunt autem termini ejusdem quos omnium credimus esse salvationem, de una parte in ipsa Erola quæ in Combariola ; de alia parte in ipso colle de Olivis, in capite ipsius viæ quæ venit de Artosolo ; de alia parte ad locum qui dicitur Venterolas in via quæ venit de Balbianas ; de alia parte ad ipsum gradum superiorem ad ipsa faga in via quæ venit de Coronulis. Addidit etiam huic constitutioni, ut nemo sit ausus contra abbatem vel monachos ejusdem loci aliquam forciam inferre, aut ad eumdem locum confugientem insequi infra prædictos terminos, etiamsi sit reus alicujus malefacti. Si quis vero de pœnitentibus ad ipsum venerit locum, liceat eum ibi quamdiu voluerit manere, et divinum officium audire, et ab omni sententia culpæ sicut cæteros christianos solutum esse. Consensu quoque archipræsulis Guifredi et aliorum episcoporum suæ ditioni respicientium, ordino atque constituo Guifredus Carcassonensis episcopus, ut nullus successorum nostrorum episcopus prœlibatum monasterium vel subjacentes sibi ecclesias quorum hæc sunt nomina : sancti Petri de Petra-Lata, sancti Johannis de Combrito, sanctæ Mariæ de Coronulis, sancti Stephani de Voluta, sancti Michaelis de Artosolo aliquo modo excomunicare vel interdicere, aut aliquem ab eis exquirere, vel in aliquo infestare valeat : sed his omnibus juxta nostram deliberationem incontaminate permanentibus autoritatis nostræ pagina, nunc et in perpetuum sit ei pro munitione non incongrua. Quicunque igitur pro salute animæ vel corporis sui ad utilitatem ejusdem loci mobilibus vel immobilibus rebus aliquid contulerit, et in confessione Christi migraturus ex hoc sæculo ad eum se deportari destinaverit, et ibi requieverit, a Domino indulgentiam et requiem sempiternam consequi se confidat, et ex nostra parte quantum nobis commissum est a Domino vicario beati Petri absolutum se sciat. Guifredus sanctæ primæ sedis Narbonensis archiepiscopus, hanc constitutionem vel consecrationem fieri mandans, omnibus præsentibus vel futuris suæ diocesis episcopis firmare decrevit, et manu propria subscripsit, ut quidquid in ea deffinitum est observare ab omnibus audientibus, ut sit a Domino gratia benedictionis cunctis obedientibus, et aliter contra nostram jussionem transgrediendo agentibus, sit sententia excommunicationis sub vinculo anathematis, nisi Domino inspirante digne satisfaciat Deo, et abbati atque monachis. † Olivæ Ausonensis episcopi. † Bernardi Bitterrensis ecclesiæ præsulis. † Domini Petri Jerundensis ecclesiæ pontificis. † Domini Arnaldi Tolosanensis episcopi. † Domni Willelmi Urgellensis ecclesiæ antistitis. † Domni Bernardi Cosoronensis ecclesiæ præsulis. † Matfredi archidiaconi. S. Pontii custodis ecclesiæ, qui hanc dotem sive consecrationem scripsit die et anno quo supra.

VII.

PLAINTE DE BÉRENGER VICOMTE DE NARBONNE CONTRE
GUIFRED ARCHEVÊQUE DE LA MÊME VILLE.

(Vers l'an 1059.)

(Archives de l'église de Narbonne. — Voy. Baluze Concil Narb., p. 8 et seq.
— Catel, *Mém.*, p. 573 et seq.)

Sanctæ huic conglomerationi vicariorum Dei, legatis scilicet summi pontificis Romani vicem obtinentis beati Petri Apostolorum principi, ejusque vice fungentibus archiepiscopis videlicet et episcopis, nec non et abbatibus hanc in synodum sanctam sistentibus, ex catholica fide tractantibus, hæc querimonia non modica ideo præsentat, ut et legatur, et audiatur, dijudicetur, ad originem incoëtur. Ego Beringarius Narbonæ urbis proconsul, querimoniam hanc vobis facio palam quam de metropolitanum meum fratrem vestrum habeo magnam. Archiepiscopatus quippe Narbonæ fuit cujusdam avunculi mei Ermengaudi archiepiscopi, cujus in diebus idem episcopatus unus erat ex melioribus qui sunt de Roma usque Yspaniæ finibus, villis atque castellis ditatus, prædiis et alodiis locupletatus : cujus ecclesia plena erat codicibus, aureis adhornata tabulis et scriniis et crucibus, aureis fulgebat coronis preciosisque lapidibus Canonicorum ibidem multorum voces certis horis audiebantur, orationes dabantur, et omnium bonorum operum incrementis ibidem agebantur. Castra autem ipsius ecclesiæ, et villas, prædia et possessiones, non a laicis fruebantur, sed a famulantibus in ea Deo possidebantur. Ecclesiam vero illam olim pius rex Carolus fabricaverat, atque in honore sanctorum Justi et Pastoris consecrare fecerat, et eam inclite castellis et villis, terrisque locarat et vineis, sicut et a veteranorum traditur dictis, et ut legitur in regalibus ejusdem ecclesiæ præceptis. Defuncto autem præfato divæ memoriæ archiepiscopo, Guifredus Cerdaniensium comes Narbonam adiens, cujus consanguineam ego jam possidebam uxorem, exquisivit utrosque parentes meos et me ipsum de præfato archiepiscopatu, ad opus filii sui suprascripti nostri antistitis, qui non erat adhuc nisi decem annorum, et spopondit pro eo magnum dare donum inter comitem Rutenis et patrem meum centum millia solidorum. Sed pater meus et mater mea non ei adquiebant. Ego autem amore tantæ consanguinitatis ductus, et simulationis amicitate deceptus, segregavi me pro hac re a consortio genitorum meorum, et nisi mihi adquievissent, arbitratus sum interficere illos. Cernens enim pater meus me motum meque contra se ita fore molestum, adquievit meæ voluntati, et petitionibus præmemorati Gaufredi; atque inter se et comitem Rutenis acceptis centum millia solidis pretium pro episcopatu, dedimus eum prænotato filio suo antistiti nostro, qui jurejurando Deumque testando, dixit nobis suum dictum firmum et fidem firmam, quia si ille foret antistes noster, ut fuit et est, ullum nostrum neque de nostris non esse damnum, neque damnum ipsius episcopatu. Sedente autem illo in cathedra, et ætate atque honore crescente, dum fisus eram ut ipse esset mihi auriga, et arma et clipeus contra cunctorum hostium telis, et memoraret consanguinitatem meæ uxoris, et tanti locum honoris in quo adjutus sum ponere illum, et, ut mihi erat testatus, juvaret mihi honorem tenere atque habere; tunc surgens, quasi diabolus superbe atque repente exacerbavit me, et provocavit ad iracundiam, et edificavit super me castra, venitque cum ingenti exercitu super me, et fecit mihi guerram crudelem, et fuere interempti pro ea ex utraque parte fere millia homines. Tunc vero castra, et villas, prædia et possessiones quæ erant in dominium præfatæ ecclesiæ, fiscos et possessiones canonicorum, et quæque eis communia erant, abstulit Deo et famulantibus ei, deditque diabolo ac militantibus illi. Et ita alia omnia ad laïcalem vertit censuram, ut etiam omnes qui ea possident quasi per alodia habent paterna. Inter hæc autem Eriballum Urgellitensem præsulem contigit mori. Et præfatus archiepiscopus adquisivit illud episcopatum ad opus fratris sui Guillelmi, et spopondit dare pro eo centum millia solidos. Quod mihi satis libuerat, si meum damnum non esset. Firmato autem tanto munere pro ipso episcopatu, archiepiscopus præmemoratus, hostis Dei et hominis, ad sedem suam rediens, atque ecclesiam suam adiens, thesauros quosque qui a conditione in eam congregati erant, subtraxit. Tabulas vero, et postabulas, et cruces, et scrinia reliquiarum aurea et argentea excoriavit. Patenas insuper calicum aureas vel argenteas, ubi sancta sacrificia sumebantur, in manibus aurificum Judæorum misit ad destruendum, et Yspaniam venumdari pro ipso episcopatu. Codices autem, qui ibi erant variis generibus, non meliores reliquit. Sed ita male suam ecclesiam dissipavit, ut etiam et clerici desunt, et qui inibi sunt, inopes et mendici; et nullus pulcher in ea apparet. Non clamides neque capas polemitas, non ciclades, non dalmaticas, non cureballi, non lignum dominicum. Omnia hæc, quæ a conditione ibi plura congregata erant, sed dissipavit ea, deditque pro episcopatu fratris sui. Insuper, quod pejus est et inhonestum, commendavit se manibus ad comitissam Urgelli. Pro qua re non solum mihi sed etiam cunctis nostræ patriæ nobiles in magnum ruit odium. Quo peracto, aggregavit concilium non modicum juxta præfata urbe Narbona multorum suæ diœcesis episcoporum, inter quos fuit hic Raimbaldus Arelatensis archiepiscopus, et in eorum atque nostrorum omnium præsentiam reliquit cunctas armas militarias, et omnem sæculi militiam, atque excommunicando misit sub anathema tam semetipsum quam omnes suæ diœcesis episcopos, qui ab illa die deinceps armis erant sumpturi. Qui non multo post acceptis armis ut miles, non corrigia succinctus lumbis, sed ferro, et debellavit mecum. Et quot mortui, quot detruncati, quantæque adustæ ecclesiæ, et exarsæ reliquiæ, si per singula enarrare voluero, fortasse et vobis foret fastidium, et facilius dies quam copia deerit. Deinde venerunt episcopi in meam terram, et mecum una cum eodem archiepiscopo firmaverunt treguam Dei inviolabilem tenere in omnem meam terram, atque ex eadem corruptores teterrimam justitiam facere. Unde idem archiepiscopus et ego hanc facimus convenientiam, ut de cuncta quæ emendata fuissent per ipsius treguæ fractionem, una medietas fuisset præfatæ ecclesiæ, alia mea pro exercenda justitia. Ego autem consensi ipsam meam medietatem condirectioni ipsius ecclesiæ. Sed ille non in ejus condirectionem sed in destructionem misit; quia et ab ecclesia eam abstulit, et militibus per solidatas tribuit potius quam decem millia solidos. Qua data Deo et fortiter firmata, qui primi eam fregerunt in nostra patria sui milites ex suo exientes castello, occiderunt unum militem meum in treguam Dei, et retinuit homicidas illos, et nullam quivi ab eo impetrare justitiam. Deinde Petrus Raimundi Bitterrensium comes in treguam Dei violavit ecclesiam sanctæ Mariæ cœnobium loci electi, ubi mirificum habetur lignum dominicum, et extraxit abinde duos milites inclinatos atque innoxios, et unum ex eis, qui erat consanguineus meus, pependit in ligno, et occidit morte crudeli quasi cleptem. Unde idem archiepiscopus talis suffragator extitit, ut etiam sacrilegos et homicidas illos in sua se mittentes potestate patrocinavit, suffragatorque eorum extitit; et in eo ullam non valui invenire justitiam. Præterea sacramenta quæ mihi super sancta altaria manibus juratus est multa, unquam non mihi tenuit, sed omnia fregit. Ad ultimum vero bonum opus operatus est satis Deo et universæ plebi Narbonensis placibile, unde mala hæc omnia obliviscamus, si nobis in bonum venisset. Corpora namque sanctorum Justi et

Pastoris, qua præmemoratus rex Carolus ab Yspania deferens, atque in via carens, in præfata in eorum honore ædificata ecclesia collocare obtaverat, quæ nobis nostrisque patribus multum erant obtata, ab idem archiepiscopo explorata et capta; ad suam usque cum honore asportavit ecclesiam, atque honorifice collocavit. Unde non solum a me, etiam a suis civibus laudatus atque dilectus erat. Qui non multo post, litigante eo cum suo archidiacono, voluit trahere prædictorum corpora sanctorum ab ecclesia eorum. Et ego rogavi eum ne hoc fecisset, et voluit ei dare obsides per decem millia solidos, ut si ullus homo vel fœmina ullam vim ei faceret de ipsorum corpora sanctorum, aut de ullo munere eis oblato vel præsentato, ego de illo vel illis hoc facientibus adjutor essem, prædicto pontifici per fidem non finctam. Idem vero archilevita voluit ei satisfacere in judicio episcopi Arelato, qui rennuit; sed substracta ab eadem sede tantorum corpora sanctorum, duxit et inhoneste collocavit in quamdam villanam ecclesiam. Ibi suam cathedram fabricavit, ibi ordinem suum fecit, ibi suos synodos tenuit, ibi codices et cruces et lignum dominicum asportavit, ibi clericos primæ sedis, quos meliores invenit, constituit, et ita eligens membrum, caput reliquit quasi tugurium. Insuper cuncti nostræ patriæ nobiles et plebs cuncta, qui soliti sunt occurrere ad civitatem et ad sedem suam, et penitentibus sua munera ad suam sedem dare atque presentare solentibus, multosque adjutorios ad operam suæ ecclesiæ facientibus, abstulit et munera illa suis militibus per solidatas tribuit, et suam ecclesiam desertam et sine capite dereliquit. Interim vero idem archiepiscopus habuit mecum placitum, et constrinxit me ei ad suum libitum satisfacere, et dixit mihi suum dictum et fidem, quam meliorem ei requirere potui, ut et ad sedem suam rediret, et corpora sancta in ea restitueret. Qui mentitus est mihi, sed ut mihi, fuit testatus, facere voluit, et est mihi mentitus suum dictum et suam fidem. Deinde conjux mea videns eum, rogavit restituere corpora sanctorum, et idem ipse ad ecclesiam suam redire, directumque nostrum supra modum accipere : neque audire voluit, sed testatus est ei Altitonantem ducere ipsa sancta corpora in aliena patria, et usque in æternum nobis non esse recuperanda. Quæ audiens, metuens ne subito, sicut juratus est, hoc faceret me absente et ignorante, fuit ad præfatam villæ ecclesiam, non adhuc consecratam, et traxit exinde corpora sancta, restituitque et condidit honorifice in sedem suam. Deinde conjux mea prostrata coram eo, suum postulavit accipere directum, qui rennuit. Ego autem confestim ut hoc novi, vidi præfatum archiepiscopum, voluique ei affirmare directum et de me et de conjuge mea et de omnes meos in judicio suæ diœcesis episcoporum et episcopi Arelato per decem millia solidos, qui rennuit. Deinde in judicio legatis Apostolici et hujus sanctæ synodi, et hunc sprevit. Ad ultimum vero exclamavi sanctum Petrum et judicium domni Apostolici, ut irem coram eo et in ejus manu ei affirmarem directum. Hunc multo parvi pendit; sed excommunicavit inclementer atque injuste me, et meam uxorem, meosque infantes et omnem nostram terram, tam crudeliter ita ut nullus ibi baptisetur, nec communicetur nec sepeliatur Nos autem, nisi timor Dei esset, parvi ponderamus suam excommunicationem, quem tot malis novimus sceleratum, et a papa Victore cum cxx episcopis anathematisatum, et simoniacum, qui omnes ordines suos vendidit, qui omnes episcopos, taceam de alienos, sed omnes quos in mea terra ordinavit usque ad novissimum quadrantem redimere fecit. Quod si non creditis, Lutevensem requirite episcopum, et Helenensem; et hi hoc vobis testificentur, qui ab eo sunt ordinati. Neque ecclesias meæ terræ consecrare voluit, donec datum earum tenuit. Nuper autem duos meos milites venientes ex vigilia sanctæ Salvatoris Anianæ, die Epiphaniæ, eo jubente atque suffragante sunt capti et tenti; et eos qui illos ceperunt patrocinat, et dat eis solidatas. Ideo ego Beringarius præfatus hanc vobis et Domino Deo facio querimoniam, et postulo justitiam : quam nisi impetravero suæ excommunicationi parvi pondero, et in meam terram treguam nullam tenebo, neque judicium Apostolici amplius adclamabo. Quod ego Beringarius ita superius queror ad legatos summi pontificis et ad cunctos episcopos et abbates, quoniam ad synodum Arelati conabam ostendere. Sed quoniam nihil profuit, ad domnum Apostolicum ideo libens mittere curavi. Quem rogo per Deum et sanctum Petrum, ut ab hac excommunicatione me absolvat meosque præsuli de me satisfaciat : quoniam usque Romam ego lubentius satisfacere ire non ambigo ; ille, nisi ligatus, unquam, sponte non ibit.

VIII.

DONATION FAITE A L'ABBAYE DE SAINT-PONS PAR RANGARDE COMTESSE DE CARCASSONNE.

(Année 1061.)

(Archives de l'église de Saint-Pons.)

In nomine Domini. Ego Raingardis comitissa, et gener meus Raymundus, et uxor ejus filia mea nomine Ermengardis, et soror ejus Adalais, donamus in simul Domino Deo, et sancto Pontio Tomeriacensis monasterii, et Frotardo abbati, ac monachis ibidem Deo servientibus tam præsentibus quam futuris, alodem qui vocatur Tonnens, et quantum ibi habuerunt juste vel injuste Willelmus vicecomes Bitterrensis, et Raymundus Rotgerii, et Garsindis vicecomitissa, et filius ejus Petrus et Willelmus. Est autem ille alodus in pago Bitterrensi super fluvium Orbi, juxta Villamnovam, et habet affrontationes de uno latus, etc. Facta carta cessionis hujus anno M.LXI. regnante Philipo rege, III. non. januarii, in præsentia bonorum hominum, id est domini Frotarii Nemausensis episcopi, et domini Guillelmi abbatis Caunensis, etc.

IX.

UNION DE L'ABBAYE DE SAINT-GILLES A CELLE DE CLUNY.

(Année 1066.)

(Archives de l'abbaye de Cluny. — Baluze Miscell., t. vi, p. 480 et seq.)

Deum patrem omnipotentem etc. Ideo in Dei nomine ego Almodis nutu comitissa, et filius meus Raymundus comes Ruthenensis et Nemausensis Narbonensiumque nobilisimus pro domni Pontii comitis remedio et pro remissione peccatorum nostrorum atque parentum vivorum et defunctorum, atque salute fidelium nostrorum optimatum, abbatiam sancti Ægidii et locum, omnia tibi pertinentia, Deo et domno Hugoni præsenti abbati Cluniensi et ejus successoribus tradimus, donamus atque concedimus; ita tamen ut in prædicta abbatia, in dominicatura quam ibi habemus, et usus et usaticos retineamus, excepto quia neque abbatem neque monachos posthac distringimus neque dehonestavimus, sed potestas et districtio et ordinatio abbatum et monachorum sancti Ægidii, et eorum quæ soliti sunt tenere, in domni Hugonis abbatis et successorum ejus potestate consistat; quatenus ipse et successores ejus, locum prædictum, et omnia loca pertinentia, pro posse suo et voluntate, secundum regulam sancti Benedicti regulariter ordinent et teneant in æternum. Ut vero nostri parentumque nostrorum memoria Cluniaco perenniter habeatur, hoc in dono abbatiæ prædictæ solummodo retinemus, ut successores prædicti abbatis a nobis vel a successoribus nostris donum prædictæ abbatiæ absque ullo lucro et pretio accipiant. Quod si successores nostri successoribus domni abbatis prædicti expedite, ut diximus, dare noluerint, nihil abbatibus obsistat, sed locum et omnia quæ prædiximus, ipsis in Dei servitio possidentibus donum nostrum integrum inviolatumque perenniter maneat. Hoc autem omnibus notum sit, locum prædictum et abbatiam prædictam alodium esse sancti Petri, quæque dono domni papæ Romani tenemus, quæque denuo prædicto abbati Hugoni et ejus successoribus salva fidelitate Romanæ ecclesiæ et domni papæ tradimus, perenniter habendam et regulariter ordinandam, ita tamen ut census x solidorum debitus omnibus annis Romanæ ecclesiæ persolvatur.

Facta ut autem hæc donatio anno M.LXVI. dominicæ Incarnationis, octavo x. kalend. januarii juxta Nemausum civitatem, secus ecclesiam sancti Baudilii, regnante Philippo rege Francorum, videntibus atque laudantibus episcopis, scilicet domno Raimbaldo Arelatensi archiepiscopo atque Romanæ ecclesiæ vicario, et domno Durando Tolosano, et Hugone Uzeticensi, et Rostagno Avinionensi, Bertranno Magalonensi; abbatibus Bernardo Massiliensi, Frotardo Tomeriensi, Bernardo Vabrensi, Petro clerico Romanæ ecclesiæ subdiacono ; Nemosensibus clericis Salmone et Bertranno ; militibus Pontio-Geraldi Gerundensi vicecomite, Tridmundo Elisiarni, Willelmo et Emenone fratre ejus de Sabran, Petro Aquiniensi, Rostagno de Poskeris et fratre ejus Rainone, Rainoardo de Medenis, *Bertranno de Capraria* et Petro fratre ejus, et Hugone de Kassanguis, et Segario Salomonis, ac Willelmo Belliroti, Umberto Gauzberti, insuper volente et laudante Adala Sustantionense comitissa et aliis quamplurimis bonis hominibus Deo cognitis. Si quis vero cujuslibet ordinis vel dignitatis contra hanc donationem venerit ad irrumpendum, vel ad inquietandum aut contradicendum, etc. Signum Domnæ Almodis comitissæ et signum domni Raymundi comitis filii ejus, qui hanc cartam donationis scribere jussimus et testes firmare rogavimus. S. Rostagni de

Poskeris. S. Adalberti Guitardi Barchinonensis. S. Benrengarii de Barbarano. S. Elisarii Dalmatii. S. Joannis Gerundensis Capiscolii. S. Bernardi Capellani. S. Fredeloni Raymundi. Bernardus monachus Auxiensis scripsit jussus die anno quo supra. Datum per manus Henrici monachi ad vicem cancellarii.

X.

ACCORD ENTRE RAYMOND DE SAINT-GILLES ET GUIFRED ARCHEVÊQUE DE NARBONNE

(Vers l'an 1066.)

(Archives de la vicomté de Narbonne, N. 7.)

Hæc est convenientia inter Raimundum comitem de Rutenis filium Almodis, et Guifredum archiepiscopum de Narbona filium Giulle comitissæ. Convenit Raimundus prædictus comes ad Guifredum archiepiscopum, quod de ista hora in antea adjutor ei erit per vitam sine inganno, de omnibus ipsis episcopis qui sunt consecrati de diœcesi sanctorum Justi et Pastoris sine voluntate Guifredi archiepiscopi prædicti, et de omnibus hominibus qui eos consecrare fecerunt, et similiter de omnibus aliis prædictæ diœcesis qui in futuro se consecrare fecerint sine ejus voluntate. Et convenit prædictus Raimundus ad prædictum Guifredum, quod reddat et ipsos muros, et ipsas turres, et ipsas fortezias quæ sunt in Narbona civitate, de ipsa Turre Quadrata quæ est juxta Portam Regiam, usque ad turrem quæ appellatur Maurisca; et faciat Raimundum Berengarii et filios ejus similiter reddere atque firmare hæc omnia ad prædictum Guifredum, et similiter faciat Garsindam, et Bernardum et Petrum episcopum filios ejus reddere ei... atque firmare hæc omnia ad prædictum Guifredum, quatenus antea facere potuerit sine inganno de Guifredo præscripto ita ut præscriptus Guifredus hæc præscripta teneat, et portam ubi voluerit in prædictis muris aperiat, et omnia sine suo inganno et similiter reddat, et reddere faciat istos prædictos ad prædictum Guifredum, totam medietatem de ipsas compras et delezdas, et de omnes census qui per terram et per aquas exeunt, et pertinent ad ipsum archiepiscopatum, sicut sonat in præceptis regum; et adjutor sit ei sine inganno ad habere et tenere ipsam fidem sanctorum Justi et Pastoris, quæ est infra muros Narbonæ civitatis, et ipsum archiepiscopatum, qui est infra muros prædictæ civitatis, et similiter omnia alia quæ foras muros sunt pertinentia ad prædictum archiepiscopatum, sine inganno prædicti Guifredi. Et si homo est vel fœmina qui hæc omnia aut de his omnibus tollat ad prædictum Guifredum, ego Raimundus prædictus finem nec societatem non habebo cum ipsis ad damnum prædicti Guifredi, et adjutor *t'en serei, et ab tui et senés lui* usque ad recuperatum habeat sine inganno, et ad in antea prædictum adjutorium vel adjutorios *li tenrei et li farei* sine inganno de prædicto Guifredo. Et donat prædictus comes ad prædictum Guifredum per drudariam ad feuvum, tertiam partem de hoc quod adquisierit in comitatu Narbonensi per placitum et hæc omnia præscripta similiter faciat dare et firmare uxorem suam comitissam ad prædictum archiepiscopum. De ista hora in antea ego Raimundus comes filius qui est Adalmodis comitissæ, *non dezebrei* Guifredum archiepiscopum filium qui fuit Giullæ comitissæ, de sua vita neque de suis membris que in corpus suum se tenent, neque de sede sanctorum Justi et Pastoris, neque de archiepiscopatu ejusdem sedis, neque de his omnibus quæ ad jam dictum archiepiscopatum pertinent, neque de civitate Narbonæ, neque de ipsa turre quæ ibidem est, neque ipsis muris vel turribus quæ sunt sanctorum Justi et Pastoris in Narbonæ civitate intus et foris, et in burgo eorum, neque de suos alodes vel feuvos, neque de suos castellos vel villas, neque de suas terras quas hodie habet, aut in antea cum meo consilio adquisierit. Ego Raimundus suprascriptus comes de Rutenis, ad te Guifredum suprascriptum archiepiscopum de Narbona *ni to tolrei, ne ten tolrei,* nec ego nec homo, nec homines, fœmina neque fœminæ, per meum consilium, neque per meum ingenium; et si est homo aut homines, fœmina vel fœminas, qui tollat aut tollant, vetet aut vetent ista omnia superius scripta, aut de ista omnia superius scripta, ego Raimundus suprascriptus adjutor *t'en serei* ad te Guifredum suprascriptum sine tuo inganno, per quantas vices *m'en commouras* per teipsum, aut per tuos missos, aut missum, *et del commoniment non devederai,* et illum aut illos qui per te *me comoura* aut *comourar men volra,* per me neque per meum consilium *reguard non aura.* Sicut superius scriptum est, *si o tendrei et o atendrei,* ego Raimundus ad te Guifredum suprascriptum, sine tuo inganno, fors quantum *tu m'en solveras,* tuo gradiente animo sine fortia me sciente, per Dominum et hæc sancta.

XI.

UNION DE L'ABBAYE DE SAINT-MARTIN DE LEZ
A CELLE DE SAINT-PONS.

(Année 1070.)

(Original. Arch. du prieuré de Carnon. Arch. de l'arch. de Narbonne.)

Si famulantium meritis juste cogimur debita compensare lucra mercedis, quanto jam copiosius temporalia debemus impendere pro sempiternis; sed quia jam, annuente Deo, cernimus simoniacham hæresim a finibus nostræ patriæ stimulis sanctarum sententiarum expellere, et ecclesiam Christi in quibusdam locis de religionis restauratione gaudere, æquum est, ut nos Dei adjutores existentes in virtute Dei hostes ejus aggrediamur, confidenter contendamus viriliter, perseveremus instanter, quousque sancta Dei ecclesia nobis in hoc laborantibus gaudeat de augmento sanctæ religionis, et nos de præmio divinæ retributionis. Igitur ego Bernardus gratia Dei Bisuldinensium comes, videns quoddam monasterium in territorio Feniolitensi, loco dicto Lenis juxta Aditum flumen, sub nomine sancti Martini consecratum, aliquando simoniache distractum, aliquando a pravis hominibus sua possessione privatum, et ab omni honestate sanctæ regulæ seclusum, et pene ad nihilum perductum, et omnibus modis desertum, et ad heremum reductum, pia consideratione cupio illud restaurare in bonum. Igitur ego præfatus Bernardus comes, propter amorem Dei et propter remedium animæ meæ, et animæ patris mei, et cunctorum progenitorum et propinquorum meorum, ut Deus sua pietate et amplissima sinu suæ misericordiæ nos colligere dignetur, jam dictum monasterium sancti Martini trado et dono omnipotenti Deo, Tomeriensi monasterio in honorem Dei et sanctæ Mariæ et sancti Poncii consecrato in manu et potestate domni Frotardi abbatis et successoris ejus ipsum monasterium sancti Martini jam dictum, et omnis ejus possessio quæ possedit et possidet, vel quandoque possessurum est, sint cum omnibus sibi pertinentibus sic in potestate et possessione jam dicti monasterii sanctæ Mariæ et sancti Poncii, perpetualiter et irrevocabiliter monasterio ad suum proprium et liberum et francum alodem, et in potestate et dominatione præfati abbatis Frotardi et successorum ejus, non sit alicui licitum præfatum destruere monasterium, vel cuilibet laico vel clerico dare, vel sine monachis qui ibi regulam teneant retinere; sed semper sit monasterium in servicium omnipotentis Dei, sub regula et ordinatione S. Benedicti, et nullus abbas neque possessor, monachus, clericus aut laicus, a me prælibato Bernardo comite, vel aliquo alio homine vel fœmina in prælibato monasterio S. Martini constituatur, ordinetur aut eligatur, nisi ab abbate monasterii sanctæ Mariæ et sancti Poncii; et semper sit sub prioribus et monachis ibi positis et ordinatis, per voluntatem et ordinationem præscripti abbatis sanctæ Mariæ et sancti Poncii Tomeriensis. Dum ego autem Bernardus comes vivus sum, habeat abbas jam dictus Tomeriensis præscriptam abbatiam sancti Martini, in mea fidelitate et meum donum, ita ut ego non possim mutare nec minuere ipsam donationem suprascriptam, sed semper integra maneat. Post mortem vero meam ullus comes, neque ullus abbas, alius quilibet homo vel fœmina ullam habeat potestatem, neque ullam dominationem in jamdicto monasterio S. Martini, neque in villis vel possessionibus quæ pertinent ad dictum monasterium S Martini, ullam justitiam habeat in adulteriis et homicidiis, vel in omnibus rebus, nisi abbas Tomeriensis, sicut supradictum est, et ipsi qui per voluntatem ejus et ordinationem ibi fuerint constituti. Prædictum vero monasterium S. Martini trado et dono Deo et sanctæ Mariæ sancti Poncii jam dicto, et abbati Frotardo et successoribus ejus, per proprium et francum alodem et liberum jam dicti monasterii Tomeriensis, propter Deum et remedium animæ meæ, et animæ fratris mei Guillelmi, et omnium parentum meorum et propinquorum meorum. Quod si ego prædictus comes, vel alius quislibet utriusque sexus homo prædictum monasterium sancti Martini, vel ullam rem et possessionem ipsius monasterii a jure vel potestate præscripti monasterii Tomeriensis auferre præsumpsero vel præsumpserit, aut in aliquo suprascriptam donationem violare, hoc quod abstulero vel abstulerit de jamdicto monasterio Tomeriensi in duplum persolvant aut persolvat, et insuper ipse præsumptor ut sacrilegus satisfaciat. Facta hæc donatio VIII. kalendas die februarii, anno M.LXX. a Nativitate Christi, anno X regni Philippi regis. Signum † Bernardi gratia Dei comitis, qui hanc donationem feci et testes firmare rogavi. S. † Udolardi-Bernardi de Melari. S. † Udalgerii de Frendolet. † Petri filii ejus. S. † Ermengardi de Trin...ag. S. † Raymundus monachus, qui hanc donationem scripsit, die et anno quo supra.

XII.

DONATIONS DE ROGER COMTE DE FOIX A L'ABBAYE DE SAINT-PONS DE THOMIÈRES.

(Vers l'an 1074.)

(Copie au château de Foix, caisse 20.)

In nomine sanctæ et individuæ Trinitatis, Patris, et Filii, et Spiritus sancti. Ego Rogerius comes Fuxenxis et genitrix mea cognomento Ledgardis, donamus Domino Deo et almæ genitrici Dei Mariæ, sanctoque martyri Pontii Thomeriensis cœnobii, et abbati Frotardo suisque successoribus, et monachis tam præsentibus quam futuris ibidem in perpetuo commanentibus, quidquid ab hac die et deinceps Domini præstante misericordia, abbas vel monachi jam dicti cœnobii in omnibus episcopatibus, comitatibus, terrisque nobis a Deo committendis acquirere vel obtinere, et eleemosinarum largitionem aliquo dono misericordiæ ab omnibus hominibus utriusque sexus cujuscumque dignitatis aut ordinis potuerint, aut hactenus acquisierint, etiamsi de fevis quos per nos tenent donaverint. Ego prænominatus comes, et genitrix mea superius nominata, laudamus, et confirmamus eis, et omnibus successoribus eorum in præfato monasterio habitantibus ad proprium alodium perhabendum et possidendum, absque ulla inquietatione, libere et absolute in perpetuum, remota omnium dominatione, jugo ac potestate, præter abbatis et monachorum jam dicti cœnobii. Sane si quis dux, vel comes, aut aliqua opposita persona qui nostram donationem irrumpere præsumpserit nequaquam hoc vel hæc obtinere valeat, sed nisi resipuerit et digne satisfecerit, cum Caypha et Juda traditore, etc. Et ut in antea ista carta firma et stabilis permaneat omni tempore. Facta carta hujus nostræ donationis anno millesimo, etc.

(Vers l'an 1075.)

In nomine Patris, et Filii, et Spiritus sancti. Ego Rogerius comes et conjux mea Sicardis comitissa, cupientes adquirere remissionem peccatorum nostrorum et vitam æternam, donamus Domino Deo, et sanctæ Dei genitrici virgini Mariæ, sanctoque Pontio martyri, ac domno abbati Frotardo, omnibus monachis Thomeriensis cœnobii, alodem nostrum qui mihi Rogerio advenit per alodem, sive per aprisionem, vel condirectionem parentum nostrorum vel meorum; qui est in pago Tolosano, in suburbio Fossensi, in monasterio Potamiensi, in parochia Schotiæ, id est, ipsam ecclesiam parrochialem sancti Petri, et sancti Joannis, et sancti Saturnini, in qua beatus Asnerius abbas sepultus quiescit, cum suis decimis et præmitiis, et oblationibus, et cimiteriis atque alodiis suis, et condirectis et hæremis, et cum toto ecclesiastico suo, et cum omnibus juribus suis sibi pertinentibus, cum villis, etc., et cum omnibus quæ ad ipsam pertinent parrochiam et pertinere debent, quæ nunc videtur habere et habere debet, quæ antiquitus dicitur abbatia fuisse, unde adhuc nomen habet, propterea quia ibi reperiuntur defunctorum corpora cucullis involuta, ad proprium alodem perhabendum. Idcirco hoc facimus, ut Deus omnipotens nobis et parentibus nostris ac propinquis et fidelibus nostris vivis et defunctis sit clemens et propitius atque defensor, et ea quæ malefecimus dimittat, et a malis omnibus nos deffendat. Insuper nos prædicti donatores, donamus sanctis et monachis cœnobii prædicti in prædicta parrochia, ut redimant illa omnia pignora quæ ego prædictus comes Rogerius aliis hominibus ibi misi, et habeant ipsi monachi in suo dominio in perpetuum, et si potuerint acquirere ipsi monachi ab ipsis hominibus qui in ipsa parochia per me habent fevos de ipsis fevis tantum vel quantam aut omnino totos similiter habeant semper. Et insuper dono, ego Rogerius comes, sanctis et monachis cœnobii prædicti, ut in toto honore vel in parochia Schotiæ prædictæ non donem, neque impignorem, neque per ullum ingenium consentiam terram vel possessionem aliquam alicui homini vel fœminæ, quandiu Deus vitam in hoc corpore mihi concesserit, nisi sanctis et monachis cœnobii prædicti : quod si fecissem habuissent ipsi monachi hoc vel hæc quæ aliis datum vel data fuissent in suo dominio semper habendum, et quantum ego Rogerius prædictus teneo, habeo, vel habere debeo, et homines et fœminæ habent ac tenent per me, pro qualicumque voce in parochia prædicta et in ejus terminis, cum suis omnibus ajacentiis et pertinentiis, totum et ab integro dono Deo et sanctis et monachis prædicti cœnobii, et de meo jure in eorum potestate cedo et trado ad alodium habendum in æternum, sine ulla reservatione. Affrontat autem hic honor ex parte orientis in rivulo Argentiæ, vel in guta crossa et in malo sancti Arnallo, et inde vadit usque ad Beceriam : ab occidente vero affrondat ad crucem in serra super Rubuer, et inde vadit per ipsum Rubuer usque in Stricam, et ascendit per Tropinos usque ad Argentiam. Quantum infra istas affrontationes includitur, sicut suprascriptum est, sic dono ego Rogerius prædictus comes sanctis et monachis cœnobii prædicti, sine ulla reservatione ; et non liceat abbatibus vel monachis hæc prædicto de communia cœnobii prædicti abstrahere ; quod si fecissent accipiant hoc quod illi dedissent ad damnum cœnobii prædicti propinqui mei in suo dominio, usquequo ipsi monachi deliberassent illud quod male datum habuissent. Si quis vero contra hanc donationem nostram ad irrumpendum vel contradicendum venerit, in primis judicium Dei incurrat, et ut sacrilegus confundatur, etc. Factum est hoc in præsentia honorum hominum, scilicet domni Isarni Tolosæ episcopi et B. Carcassonæ episcopi, et domni G. comitis Tolosani, et domni Raymundi fratris ejus comitis Ruthenæ, et aliorum multorum qui aderant. Facta ista carta anno, etc.

XIII.

PROMESSE DE RAYMOND DE SAINT-GILLES A GUIFRED ARCHEVÊQUE DE NARBONNE.

(Vers l'an 1077.)

(Bibl. du roy. Baluz. Languedoc, N. 7.)

De ista hora in antea, ego Raymundus comes filius qui fui Adalmodis comitissæ, non *dezebrai* Guifredum archiepiscopum, filium qui fuit Giula comitissa, de sua vita, neque de suis membris quæ in corpus suum se tenent, neque de ipsa sede SS. Justi et Pastoris, neque de ipsa turre quæ ibidem est aut in antea erit, neque de ipsos muros, neque de ipsas turres, neque de ipsas fortitias quæ sunt in Narbona civitate, de ipsa Turre Quadrata quæ est juxta Portam Regiam usque ad turrem Maurescam quam tenet Ermengans de Casulos de Guifredo, neque de ipso capitolio quæ est in Narbona, neque de archiepiscopatu SS. Justi et Pastoris, neque de ea omnia quæ ad prædictum archiepiscopatum pertinent, neque de civitate de Narbona intus et foris, et in burgos eorum. Et faciam Raymundum-Berengarii et filios ejus similiter jurare hæc omnia ad prædictum Guifredum; et similiter faciam Garsindam, et Bernardum et Petrum episcopum filios ejus jurare in altare sacratum hæc omnia ad prædictum archiepiscopum Guifredum, quando antea facere potuero, sine inganno de Guifredo præscripto; ita ut prædictus Guifredus hæc prescripta teneat, et portam ubi voluerit in prædictis muris aperiat ad intrare et ad exire. Et ego Raymundus subterscriptus juro, quod jurare faciam istos prædictos ad prædictum Guifredum, totam medietatem civitatem Narbonæ, de ipsa via quæ director discurrit de Porta Aquaria per ipsam crucem, usque ad Portam Regiam ex parte circi, et ipsum castrum de Porta Regia, et ea omnia quæ ad ipsum castrum pertinent et quæ pertinere debent, et ipsas turres quas vocant Torveiens, et totam medietatem de ipsas compras, et de lizdas, et de omnes census qui per terram et per aquas exeunt et pertinent ad ipsum archiepiscopatum, sicut sonat in præceptis regum et adjutor sit ei sine inganno ad habere et tenere ipsam sedem SS. Justi et Pastoris quæ est infra muros Narbonæ civitatis, et ea omnia quæ ad ipsum archiepiscopatum pertinent vel pertinere debent. Et si homo et fœmina, vel fœminæ, vel homines qui hæc omnia aut de iis omnibus qui tillant ad prædictum Guifredum, ego Raymundus supradictus finem nec societatem non habebo cum ipsis ad damnum prædicti Guifredi, qui adjutor *l'in serei et ab lui et sine tui* usque recuperatum habeat sine inganno.

Et in antea prædictum adjutorium vel adjutorios *li tenrai e li farei* sine inganno de prædicto Guifredo, et sine lucro de suo avere et de suo honore. Sicut superius scriptum est, *si o tenrei e o atenrei*, ego Raymundus suprascriptus ad te Guifredum suprascriptum sine tuo inganno, per hæc sancta evangelia me sciente, salva fidelitate SS. Justi et Pastoris. Et ego R. prædictus comes dono ad prædictum Guifredum per drudairiam ad fevum, tertiam partem de hoc quod adquisiero in comitatu Narbonæ per placitum. Et ego R. Berengarii sicut superius scriptum est si *o tenrei e o attendrei* per Deum et hæc sancta sanctorum ad Guifredum me sciente, salva fidelitate SS. Justi et Pastoris.

XIV.

PLAID TENU PAR RAYMOND DE SAINT-GILLES, ETC.

(Année 1078.)

(Cartulaire de l'abbaye de Conquet.)

Anno ab Incarnatione Domini MLXXVIII. Stephanus abbas Conchacensis venit in partibus Gothiæ, et fecit querimoniam Raymundo Ruthenensium comiti, et Bitterensium vicecomitissæ Hermengardi, de malis usis et consuetudinibus quas Bermundus Agathensis habebat vel requirebat in honore S. Salvatoris et S. Fidei qui vocatur Palatium. Propter hanc causam prædictus abbas et Bermundus multos placitos habuerunt, sed nullam concordiam facere potuerunt. Ad ultimum in judicio Matfredi Bitterrensis episcopi, et Frotardi abbatis S. Pontii, et Guitardi-Lupi, aliorumque nobilium virorum venerunt, et Bermundus facere noluit quod judicaverunt. Quamobrem supradictus comes cognita injustitia quam Bermundus faciebat, cuncta ei abstulit quæ in suprascripto honore possidebat, mansiones illius destruxit, et de omni honore abbati potestatem dedit. Ego vero Petrus illius Bermundi filius injustitiam quam pater meus faciebat recognoscens, honorem ex toto perdere metuens, cum consilio comitis et vicecomitissæ meæ, meorumque amicorum, quod pater meus injuste possederat dereliqui, et hanc cartam taliter scribere jussi. Ego Petrus Bermundus, dimitto et perpetualiter derelinquo S. Salvatori de Conchas et S. Fidei, et abbati Stephano cunctisque suis successoribus, illos malos usus et apprehensiones et totas quos pater meus habuit, vel aliquis homo per illum in villa de Palatio, et in cunctis finibus et terminis ejus. Similiter dimitto, et perpetualiter derelinquo medietatem de Ausedoz, et medietatem de placitis et de justiciis, et medietatem de spatulis et de agnis, et totum molendinum, et mansiones, et curtes, et ingressus et exitus, et medietatem de furno, et insuper fornaticum de pane monachorum. Per hanc vero dimissionem sive guirpitionem accipio de abbate D. solid. Bitterrenses. Et in suprascripto honore de Palatio nihil retineo vel in cunctis finibus et terminis ejus. Propter talem vicariam qualem de manu præmoniti abbatis Stephani accipio, scilicet medietatem aliam de placitis et de vestitionibus hominum illorum qui stabunt in vicariam meam : de placitis vero et justiciis et vestitionibus illorum hominum qui non sunt de mea vicaria, hoc est de clericis, et de hominibus propriis monachorum, et de illis qui stabunt in dominicis mansionibus eorum, et in cimiterio, et in illis locis qui transacto tempore sine vicaria fuerunt S. Fidi in dominio nullam partem habeo. Accipio igitur de manu prædicti abbatis illam appundariam quæ est vicarialis et aliam medietatem de agnis et de spatulis, et in unoquoque vicariale manso unum receptum cum quatuor militibus et uno serviente. Hæc omnia suprascripta non possum dare nec impignorare..... nisi monachis, S. Fidis de Conchas..... Per hanc ergo prænominatam vicariam quam de manu abbatis accipio, sum homo illius, et juro illi fidelitatem, et facio illi firmitatem per meam fidem quod placitos..... quos illi facio.... teneam, etc. Scripta vel firmata dimissio vel guirpitio ista v. kal. julii, feria v. regnante Philippo Francorum rege. S. Petri Bermundi qui hanc cartam firmavit vel firmare rogavit. S. Raymundi Bladi monachi prioris. S. Andreæ. S. Sigerii Salomonis. S. Pontii Guarnerii. S. Villelmi Salomonis. S. Pontii de Cellis. S. Begonis de Conchas. S. Begonis de Combret. S. Petri Geraldi. S. Rollandi. Durandus scripsit.

XV.

DONATION DES COMTES DE BARCELONE A L'ABBÉ FROTARD.

(L'année 1079.)

(Châl. de Foix, caisse 4.)

Ego Raymundus nec ne Berengarius frater meus pariter gratia Dei comites Barchinonæ et serenissimi Marchionitæ, donamus monasterio Pontii Tomeriensis, et abbati Frotardo, in Minerbensi suburbio, medietatem castri de Periaco, medietatem ecclesiæ parochialis. S. Stephani, etc. Actum XII. kal. julii, anno XIX. regni Philippi regis.

XVI.

LETTRE DE SAINT GRÉGOIRE VII A L'ÉVÊQUE DE GIRONE FRÈRE DE GUIFRED ARCHEVÊQUE DE NARBONNE.

Interea de fratre tuo Narbonensi magis quam hactenus fueris volo te esse sollicitum, quia ego satis deperditione illius doleo et miror si tu illum, cui germina germinitate cohæres ad salutem non studes reducere, cum scias quia pro sola vel carnali, vel spirituali, affinitate, alicujus christianus homo in tanti periculo articuli seipsum debet apponere. Age ergo et fraterna caritate succensus illum ex nostræ fiducia admonitionis aggredere commemorans illi et præteritos longevæ ætatis excessus et propinquum jam sibi divinæ ultionis immiuere judicium, si forte possis eum ab ipso mortis æternæ limine revocare et de salute fratris non solum cordis gaudium verum etiam maximum æternæ retributionis a divina largitate præmium promereri. Datum Romæ, IV nonas januarii indictione secundâ....

XVII.

CHARTES DE GUILLAUME IV DUC ET COMTE DE TOULOUSE
EN FAVEUR DE L'ABBAYE DE SAINT-PONS.

(Vers l'an 1079.)

(Copie tirée du chât. de Foix, caisse 21.)

In nomine Patris et Filii et Spiritus sancti amen. Ob reverentiam et honorem ejusdem omnipotentis Dei, ego Guillelmus Tolosanensis, Albiensis, seu Caturcensis, ac Lutevensis, nec ne Carcassonæ ordinante Deo, comes et dux; videns cœnobium nutu Dei ædificatum ab antiquo duce et comite Aquitanensium nomine Pontio, sub nomine sanctæ Mariæ et sancti Pontii jure hæreditario datum Apostolorum principi sancto Petro et Romanæ ecclesiæ censu aliter subditum; veniens Romæ cœnobioque jamdicto Thomeriensi hospitamve cernensque inibi cultum religionis valere decrevi, auxilio Dei fultus, locum illum et habitatores ejus ex his quæ mihi Dominus donavit, dono, adjutorio et consilio accrescere et ditari. In primis S. Petri Scotiæ cum omnibus villis et mansis, et ajacentiis, ac pertinentiis suis, quæ Rogerius comes Fossensis dedit prædicto cœnobio in episcopatu Tolosano, in suburbio Fossensi, in ministerio Potamianensi, sicut prædictus Rogerius dedit monasterio Thomeriensi, Frotardo abbati et monachis ejus; ita et ego prædictus comes Guillelmus dono, laudo et confirmo, et quidquid ab hac die et deinceps, auxiliante Deo, abbas et monachi prædicti cœnobii acquirere potuerint ab omnibus hominibus utriusque sexus in omnibus episcopatibus, et comitatibus, terrisque mihi a Deo commissis, et hactenus aquisierunt, dono, laudo et confirmo eis et successoribus eorum monasterii prædicti habitantium, ad habendum et possidendum absque ulla inquietatione, libere et absolute in perpetuum, remota anni dominatione, etc., præter abbatem et monachos prædicti cœnobii. Similiter in Petragorico, et Agennensi, et in Astairaco, et in finibus eorum quidquid acquirere potuerint prædicti cœnobii monachi, laudo et confirmo ; et promitto Deo, et sanctæ Mariæ, et sancto Poncio me esse deinceps in omnibus adjutorem ac defensorem monachorum et omnium rerum pertinentium prædicti cœnobii. Si quis vero comes, vel dux, vel aliqua opposita persona qui contra hanc donationem venerit ad irrumpendum confusus et exterminatus, etc. Facta scriptura hæc donationis et confirmationis idus madii anno, etc. Regnante etc. Sign. Guillelmi prædicti comitis et ducis qui hanc scripturam donationis fieri jussi, et coram Ermengarda vicecomitissa Bitterrensi et ipsis qui cum ea aderant in januis ecclesiæ prædicti cœnobii firmavi, et testes firmare rogavi, et manu propria super altare sancti Salvatoris et sanctæ Mariæ ante sanctum Pontium et aliorum martyrum et confessorum corpora quæ ibi adsunt, posui meispsum, et filium meum Pontium eis commendavi. Sign. Eraclii, etc.

(Année 1080.)

(Original Chart. du roy. Toulouse, sac 8. N° 1.)

Omnipotentis Domini gratia et misericordia disponente, ego Willelmus Tolosanensium, Albiensium, sen Caturcensium, Lutevensium, Petragorensium, Carcassonensium, Agennensium, nec ne Astarachensium comes et dux ; ex rebus a Deo omnipotente mihi meæque potestati traditis, adjuvante et cooperante ejus benignissima pietate, monasterium Thomeriense eidem a progenitoribus meis, *a proavo videlicet meo Pontio Aquitaniorum duce vel principe magno*, noscitura primis ædificiis fundatum et constructum, ac in honore S. Salvatoris, S. Mariæ et S. Pontii martyris consecratum, et ab ipso duce beato Petro principi videlicet Apostolorum Romæ suisque successoribus subditum. Ego jamdictus comes et dux, ob amorem et reverentiam omnipotentis Domini et sanctorum prædictorum, nec non ob amorem jam dicti proavi mei Poncii ducis, ut ejus tantæ eleemosinæ meritis merear sociari et esse particeps, ob remissionem quoque omnium peccatorum meorum, patris videlicet et matris meæ, et ut pius et misericors Dominus me simul cum uxore mea nomine Emma clementer conservet et dirigat in isto sæculo, et in suo sancto servitio nos ambo per longa dierum tempora communiter custodiat, et post hanc vitam nobis cœleste regnum misericorditer concedat. Nos quoque simul in unum cupimus imo et facimus, jam memoratum locum ex rebus quæ sunt nostri juris accrescere et honorare, et eamdem munificentiam et liberalitatem quæ a proavo meo jam memorato donata et confirmata est illi loco, eodem modo quo et ipse nos confirmare et corroborare admodum delectat. In primis donamus jam dicto Thomeriensi monasterio, et sanctis, et præsenti domno Frotardo abbati, suisque in perpetuum successoribus, et omnibus monachis ibidem in perpetuum commorantibus quicquid ab hac die deinceps, Domini misericordia procurante, abbas vel monachi jam dicti cœnobii in omnibus episcopatibus, comitatibus terrisque nobis a Deo commissis vel sua misericordia deinceps committendis acquirere, vel optinere eleemosinarum largitione, aut aliquo dono misericordiæ, ab omnibus hominibus utriusque sexus cujuscumque dignitatis aut ordinis potuerint, aut hactenus acquisierint, etiamsi de fevis quos per nos tenent donando prærogaverint. Nos prænominati comes et conjux donamus, laudamus et confirmamus eis, et omnibus successoribus eorum in præfato monasterio habitantium, ad proprium alodem perhabendum et possidendum, absque ulla inquietatione libere et absolute in perpetuum, remota omni dominatione, jugo et potestate, præter abbatem et monachos jam dicti cœnobii. Donamus insuper prænominato loco et sanctis, abbati et monachis inibi habitantibus, in comitatu Tolosæ, in loco vocitato Orzvals, ipsum boschum cum omnibus terminiis, affrontationibus, adjacentiis, exiis et regressis suis; omnia et in omnibus, cultum et eremum sine ulla reservatione. Et est iste alodio sive affrontatio in terminio de Vernercha, et in terminio de Ricovilla et Despanese, et de Exiis, et de Loarret. Insuper etiam sub intransgressibili convenientia donamus et promittimus, et nos vel filii nostri, aut posteritas nostra, de omnibus rebus proprietatis nostræ quas ego habeo de omni honore de Vernercha, vel habere ullatenus debeo, nulli homini vendam, donem, aut conveniam, excepto filio aut filiæ meæ, nisi prænominato monasterio sancti Poncii, abbati et monachis ejus. Et si quid, Deo donante, de omnibus fevalibus meis de honore omni vel de ecclesiis supradicti honoris Venercha acquirere potuerint, ego omnia et in omnibus laudo et dono ad proprium alodem perhabendum, pro remedio animarum nostrarum et parentum nostrorum. Promittimus etiam Domino Deo et sanctæ Mariæ et S. Pontio, nos deinceps esse in omnibus adjutores, defensores monachorum et omnium rerum superius nominato cœnobio pertinentium. Sane si quis comes vel dux, aut aliqua opposita persona, qui hanc nostram donationem irrumpere aut inquietare præsumpserit audacter, quod temere attemptaverit nequaquam optinere prævaleat, et nisi digne resipuerit, et Deo et sanctis satisfecerit, et prælibato monasterio et habitatoribus suis emendaverit, ab omnipotente Deo et ab omni cetu fidelium reus et extraneus judicetur et insuper dupla et meliorata sanctis et monachis prælibati loci. Quæ omnia, sicut superius declaratur, de nostro jure in vestro tradimus dominio et potestate propter remedium animarum nostrarum et parentum nostrorum. Facta carta hujus donationis, anno MLXXX. Incarnationis Christi, regnante Philippo rege. Sign. † Guillelmi comitis. Sign. † Emma comitissa qui hanc cartam donationis fecimus et fieri jussimus et testes firmare rogavimus, et nos propria manu firmavimus XVI. kal. julii. † Raymundus comes frater ejus firmavit et hoc signum fecit. † Bertrandus comes nepos Willelmi et filius Raymundi laudavit et manu sua firmavit. † Sig. Guillelmi de Rebenti. Sig. † Ademari vicecomitis. Sig. † Bernardi Pontii de Granoled. Sign. † Bernardi Raymundi de Tolosa. Sig. † Americi de Rocafort. Sign. † Bernardi-Raymundi. Sig. † Arnalli-Pontii de Clarmunt. Sig. † Christofori. Sig. † Arnalli-Atonis. Sig. † Gauzelini capellani.

(Année 1080.)

(Ancien cartulaire de l'abbaye de Saint-Pons.)

In nomine Domini nostri Jesu Christi. Omnibus dignoscatur quod ego Guillelmus Dei gratia Tolosanorum, Carcassonensium et Albigensium comes et dux, et ego Emma uxor ejus, considerantes ultimum diei finem, etc., propter remedium animarum nostrarum, specialiter pro anima Pontii comitis patris mei,... Guillelmi et matris meæ Adelmudis, ut Deum sentiamus placatum in angustiis nostris cum venerit judicare vivos et mortuos, damus, laudamus et concedimus, et cum hoc præsenti carta in perpetuum tradimus Domino Deo, et gloriosæ Dei genitrici Mariæ, et monasterio gloriosi martyris Christi S. Pontii Tomeriensis, et domno abbati Frotardo, et monachis ejusdem monasterii præsentibus et futuris, ibidem Deo servientibus, videlicet in episcopatu Albiensi totum alodium de omni parochia S. Joannis de Primago. Damus similiter in ipso episcopatu Albiensi totum alodium de omni parochia S. Martini et S. Victoris de Hevara. Damus similiter in ipso episcopatu Albiensi totum alodium de omni parochia S. Joannis de Pradas; et prædicta parochia de Pradas affrontat ab oriente cum parochia S. Amantii de Garils, ab aquilone cum parochia S. Amantii de Berlas, ab occidente affrontat cum parochia S. Joannis de Frays, a meridie cum parochia S. Laurentii de Soleyre. Damus similiter in ipso episcopatu in parochia de Ferras totum alodium de omni territorio d'Estodillac. Damus similiter in ipso episcopatu Albiensi totum alodium de villa et de omni parochia S. Salvii de Carranets. Hæc omnia prædicta de omnibus prædictis parochiis ego prædictus Guillelmus comes et dux, et ego Emma uxor ejus, damus, laudamus et concedimus omnipotenti Deo, et S. Mariæ, et monasterio S. Pontii Tomeriensis, et abbati et monachis ejusdem loci præsentibus et futuris in perpetuum, scilicet totum alodium et potestatem et totum dominium de omnibus prædictis parochiis, cum mansis, cum bordariis, cum dominibus, curtibus, aquis, ripariis, confrontationibus, vallibus et nemoribus : cum forestis et silvis, cum mineris et cum armoribus fructiferis et infructiferis, cum hortis et herbis et cum molendinis et paxeriis, cum furnis et pratis, et cum hominibus et fœminabus in prædictis honoribus habitantibus, cum usaticis, et taliis et albergis, et firmantiis, et justitiis, et lignis, et leydas, cum fevalibus, cum vicariis, cum sirventagiis, cum venationibus, et omnes actus, et omne quod habemus et habere debemus in omnibus prædictis honoribus, totum illud damus Deo et monasterio prædicto in perpetuum absque omni retentu. Sane si quis comes vel dux, aut aliqua interposita persona, etc. Facta carta donationis hujus, anno Incarn. Domini MLXXX. regnante Philippo rege Francorum feria II, XVI. kal. julii. S. Guillelmi comitis atque ducis, et Emmæ conjugis, qui hanc cartam donationis fecimus, et fieri jussimus, et testes firmare rogavimus. S. Raymundus comes et frater Guillelmi comitis prædicti, qui hoc concessit et laudavit et hoc signum fecit. † S. Bertrandus comes nepos Guillelmi comitis prædicti et filius Raymundi comitis, qui hoc donum concessit et laudavit, et hoc signum fecit. † S. Guillelmi comitis prædicti et filius Raymundi comitis, qui hoc donum concessit et laudavit, et hoc signum fecit. † S. Guillelmi de Rebenti. S. Ademari vicecomitis. S. Bernardi-Pontii de Granoiled. S. Bernardi-Raymundi de Tolosa. S. Aymerici de Roquafort. S. Bernardi-Raymundi. S. Arnaldi-Pontii de Clermont. S. Christophori. S. Arnaldi-Attonis. S. Jausselini sacerdotis, qui hanc cartam scripsit, ex utraque parte rogatus, die et anno quo supra.

XVIII.

DONATION DE BALARUC OU SAINT MARTIN DE CASELLO
A L'ABBÉ FROTARD, PAR PIERRE DE MELGUEIL.

(Année 1082.)

(Estien. antiq. Bened. Occit. *Mss.* part. 1, p. 511.)

In nomine, etc. Ego Petrus, Dei gratia comes Melguoriensis, una cum uxore mea Almodis et filiis meis, inspirante divina miseratione, etc. Dono omnipotenti Deo et sanctæ Dei genitrici Mariæ, et sancto Petro Romæ, et sancto martyri Pontio Tomeriensi monasterio, et domno abbati Frotardo, et monachis inibidem degentibus in perpetuo, aliquid de rebus meæ proprietatis, ecclesiam scilicet S. Martini de Casello quod vocatur Ballaruc, cum omnibus suis pertinentiis quas ibi ego habeo, vel habere debeo, vel alii homines habent per me, omnia et in omnibus quantum ad ipsam ecclesiam parochialem pertinet vel pertinere ulla ratione debet, ad perpetuum alodem perhabendum et possidendum ad Dei servitium, etc. Facta carta donationis anno M. LXXXII. IV. kal. martii, anno XXII. regni regis Philippi. S. Petri comitis. S. Raymundi Stephani de Cornas. S. Sigerii Salomonis. S. Petri Ericulphi. S. Berengarii Valoche. S. Guillelmi Bernardi. Raymundus monachus qui hanc cartam jussus scripsit die et anno quo supra.

XIX.

DONATION DE RAYMOND VICOMTE DE MINERVE A L'ABBAYE DE SAINT-PONS.

(Année 1083.)

(Château de Foix, caisse 20.)

In Christi nomine, ego Raymundus Minervensis vicecomes dono, cedo, atque dimittendo guarpisco Domino Deo, et sanctæ Mariæ sanctoque martyri Poncio Thomeriensis cœnobii, et domno abbati Frotardo, et monachis omnibus ejusdem loci præsentibus et futuris ipsum totum honorem atque alodem quem Petrus-Raymundi comes Bitterrensis quondam habuit vel habere debuit in villa quam vocant Piriachum sive in ipso castello, vel in omnibus finibus et terminis et ajacentiis suis; videlicet in ecclesiis vel in pertinentiis suis, in hominibus, in terris, vineis, mansis, mansionibus, curtis, curtinalibus, ortis, ortalibus, arboribus omnis generis, pratis, paxiis, aquis, etc. Et quidquid prædictus comes Petrus habuit vel habere debuit in omnibus prædictis locis vel rebus, sive comites Barchinonenses, scilicet Raymundus-Berengarii et filii ejus, id est Raymundus et Berengarius, habuerunt vel habere debuerunt et prædicto monasterio ad alodem et honorem debuerunt, ac dimittentes firmaverunt, ego jamdictus Raymundus dono, dimitto, cedo atque confirmo in potestate Dei et sanctorum prædictorum præfati monasterii, et omnium monachorum præsentium et futurorum hujus loci; ita ut ab hodierna die et deinceps nec ego, nec aliquis ex hæredibus vel posteris meis, vel ulla admissa vel subrogata persona possit ullo modo interpellare, repetere etc. A me facta carta hujus guarpitionis III non. febr. anno LXXXIII ab Incarnatione Domini, regnante Philippo rege. Sign. Raymundi qui hanc cessionem fieri et scribi jussit, et firmavit, et testes firmare rogavit. Factum est in præsentia domni Matfredi gratia Dei Bitterrensis episcopi, et Isarni abbatis Caunensis, et Guillelmi abbatis Rodensis, et Petri abbatis Vallis-Sicharii, et Alidulphi de Muratione. Sign. Adalberti Olargensis. Sign. Geraldi Trassarn. Sign. Rogerii Guarini. Sign. Denodet Borsellini. Pontius monachus scripsit, etc. Sign. Bernardi Tolosani. Sig. Bernardi de Riolis, etc.

XX.

CONFIRMATION DE LA FONDATION DE L'ABBAYE DE SAINT-PONS PAR RAYMOND DE SAINT-GILLES.

(Année 1085.)

(Cartulaire de l'église de Saint-Pons.)

Omnipotentis Dei gratia et misericordia ordinante, ego Raymundus Ruthenensis, Gabalitanus.. tiensis [*fortè Uzetiensis*], Nemausensis, Agathensis, Bitterrensis, ecnon Narbonensis comes, de rebus à Domino omnipotente mihi meæque potestati traditis, adjuvante atque cooperante ejus benignissima pietate, monasterium Thomeriense quod a progenitoribus meis, *a proavo videlicet meo Pontio Aquitanorum magno duce vel principe*, est a primis ædificiis fundatum et constructum, ac in honorem S. Salvatoris, et S. Mariæ, et S. Pontii martyris consecratum, et ab ipso duce beato Petro principi videlicet Apostolorum Romæ suisque successoribus subditum. Ego jam dictus comes ob amorem et reverentiam omnipotentis Domini et sanctorum prædictorum, necnon ob amorem proavi mei jam dicti Pontii ducis, ut ejus tantæ eleemosinæ meritis merear sociari et esse particeps, et ob remissionem omnium peccatorum meorum, et genitorum meorum, patris videlicet et matris meæ, ego quoque cupio jam nominatum locum ex rebus quæ sunt juris nostri augere et honorare, et eamdem magnificentiam et liberalitatem, quæ a proavo meo jam nominato illi loco donata est et confirmata, eodem modo, quo ipse, confirmare et .... sanctis ejus, ac domno Frotardo abbati suisque in perpetuum successoribus, et omnibus monachis ibidem perpetuo commanentibus, quiquid ab hac die et deinceps, Domini misericordia præparante et auxiliante, abbas et monachi jamdicti cœnobii in omnibus episcopatibus terrisque mihi a Deo commissis vel sua misericordia deinde committendis adquirere vel obtinere, eleemosynarum largitione aut aliquo dono, necnon ab omnibus hominibus utriusque sexus cujuscumque dignitatis aut ordinis.... verint, aut hactenus adquisierint. Et si de fevis quos per me tenent donando prærogaverunt, ego præfatus comes dono, laudo et confirmo eis, et omnibus successoribus eorum in præfato monasterio habitantibus, ad proprium alodum perhabendum et possidendum, absque ulla inquietatione libere et absolute in perpetuum, remota omni dominatione, et jugo, et potestate, præter abbatem et monachos jam dicti cœnobii. Dono insuper prænominato loco et sanctis ejus, et abbati et monachis inibi habitantibus, ac promitto etiam Domino Deo, et S. Mariæ, et S. Pontio, me esse deinceps adjutorem et deffensorem monachorum, et omnium rerum superius nominato cœnobio pertinentium. Si quis vero comes vel dux, aut aliqua interposita persona qui contra hanc donationem venerit ad irrumpendum vel inquietandum, confusus et exterminatus ab omnipotente Deo, et ab omni cœtu fidelium judicetur extraneus, nisi resipuerit et digne satisfecerit prælibato monasterio et habitatoribus suis, et quod quæ sunt presumptuose usurpare, non valeat vindicare; sed dupla et meliorata sanctis et monachis prælibati loci componat. Facta scriptione ista hujus donationis et confirmationis anno MLXXXV Incarnationis Christi, regnante Philippo rege. S. Raymundi præfati comitis qui hanc cartam fieri jussit et firmare rogavit, etc.

XXI.

DONATION FAITE PAR PIERRE COMTE DE MELGUEIL DE SON COMTÉ A L'ÉGLISE DE ROME.

(Année 1085.)

(Archiv. de l'év. de Montpellier. — Voy. Verdale, *Series episcop. Magal.* tom. I, bibl. Lab. p. 800. — Voy. Gariel, *Ser. præs. Mag.* p. 79, 1re é 1.)

In nomine sanctæ et individuæ Trinitatis, Patris et Filii, et Spiritus sancti. Ego Petrus comes Melgoriensis pro redemptione animæ meæ, nec non parentum meorum, uxoris quoque et filii, dono Domino Deo, et beatis apostolis Petro et Paulo, meipsum et omnem honorem meum, tam comitatum Substantionensem quam episcopatum Magalonensem, omnemque honorem eidem episcopatui appendentem, sicut et ego et antecessores mei comites hactenus habuimus, et tenuimus in alodium : ita utrumque, quantum juris mihi est, dono et trado per allodium S. Romanæ ecclesiæ, et SS. apostolis Petro et Paulo, nec non et papæ Gregorio VII, et omnibus successoribus ejus qui in sede apostolica per meliorem partem cardinalium, et reliqui cleri, et populi fuerint canonice et catholice electi et consecrati ; ut prædictus comitatus Substantionensis et episcopatus Magalonensis jure proprio sit BB. apostolorum Petri et Pauli ; ego autem prædictum comitatum habeam per manum Romani pontificis sub illius fidelitate ; et singulis annis pro censu persolvam unciam auri optimi. Similiter quoque et filius meus, vel quilibet alius omnis qui ex hæreditario juri mihi successerit prædictum comitatum per manum Rom. pontificis ad fidelitatem illius teneat, et prædictum censum, id est unciam auri optimi, singulis annis persolvat. Sit vero in potestate Romani pontificis in episcopatu Magalonæ quem placuerit episcopum juste et canonice ordinare, et per eam auctoritatem ei liceat Magalonensi ecclesiæ juxta constitutiones et decreta SS. Patrum, personam probabilem et idoneam ad regendum populum et res ecclesiasticas; liceat inquam, et ex hoc deinceps probabilem et idoneam personam in episcopatu eligere absque mei vel alicujus hæredum aut successorum meorum contra hanc donationis et confirmationis nostræ auctoritatem et privilegium insurgere præsumptuose attentaverit, et de prædicto comitatu dominum suum Romanum pontificem esse debere recognoscere noluerit, et prænominatum censum de comitatu eidem unciam auri singulis annis persolvere recusaverit, aut in libertate ecclesiastica de substituendo canonice episcopo in episcopatu Magalonensi ei contradictor extiterit, non valeat vindicare quod injuste repetit, et persolvat mulctam quam sancta lex Romana per Theodosium, Arcadium et Honorium promulgatam decrevit, et insuper ecclesiasticæ subjaceat disciplinæ, quam velut sacrilegus et sanctæ ecclesiæ destructor incurrit. Feci autem prædictam donationem de comitatu et episcopatu, ego Petrus comes, vice B. Petri et Romani pontificis, in manu Petri Albanensis episcopi, Romani legati, et Gothofredi Magalonensis episcopi per investituram annuli mei, et *Frotardi abbatis Thomeriarum*, anno incarnationis M.LXXXXV. Actum per manum Stephani, indictione VII, V. kalend maii. Signum † Dalmatii. † Sig. Raymundi. Sig. Pontii de Monlaur. Petrus signavit. Adalmodis comitissa confirmavit. Sign. archidiaconi. Raymundus comes filius ejus firmavit. Isti omnes ex præcepto comitis firmaverunt ante altare S. Petri. Testes Orgerius archidiaconus et Deodatus canonicus. Testis Gothofredus episcopus, in cujus manu factum est.

TABLE.

Au lecteur .... I — II

Introduction............................. III — XV

CHAPITRE I. — Abbaye de Saint-Pons de Thomières. — Frotard dixième abbé de Saint-Pons. — Conjectures sur sa famille. — Ses rapports avec les grands vassaux de la province. — Actes divers dans lesquels il est témoin. — Il assiste au concile de Toulouse de l'an 1068 et au concile de Girone de la même année. — Union de l'abbaye de Saint-Martin de Lez à celle de Saint-Pons de Thomières. — Charte de Bernard comte de Besalu à ce sujet. — Donations de Roger II comte de Foix en faveur de l'abbaye de Saint-Pons et de son abbé Frotard......... 1—19

CHAPITRE II. — État politique de la province. — Simonie de Guifred archevêque de Narbonne. — Frotard, abbé de Saint-Pons, adjoint au légat Amat évêque d'Oléron, pour la Gaule Narbonnaise et l'Espagne............ 20—44

CHAPITRE III. — Difficultés de la mission des légats dans la Gaule Narbonnaise. — Guifred et Raymond de Saint-Gilles. — Conciles de Besalu et de Girone. — Mort de Guifred. — Usurpation du siége de Narbonne par Pierre de Narbonne, évêque de Rodez.............. 45—62

Chapitre IV. — Arbitrage entre l'abbé de Conques et Bermond d'Agde. — Mission de Frotard auprès des fils de Raymond Bérenger Ier. — Frotard et le vicomte de Minerve. — Arbitrage entre Isarn abbé de Caunes et Guillaume Siger de Ventajou. Origine de la paroisse de Félines-d'Hautpoul et de son église............ 63—77

Chapitre V. — Pierre vicomte de Narbonne, archevêque intrus. — Son excommuniation au concile de Toulouse (1079). — Sa déposition au concile d'Avignon (1080). — Chartes de Guillaume IV, comte de Toulouse, en faveur de l'abbé Frotard et de son abbaye. — Réconciliation de Raymond de Saint-Gilles avec l'Eglise. — Nomination de Dalmace, abbé de Lagrasse, au siége métropolitain de Narbonne (1081). — Lettres de Grégoire VII aux comtes de Saint-Gilles et de Besalu; — aux vicomtes et au peuple de Narbonne. — Aimeric de Narbonne épouse la fille de Robert Guiscard (1083). — Dalmace prend possession de son siége. — Quel fut le rôle présumé du légat Frotard en cette affaire............................. 77—92

Chapitre VI. — Sixième concile de Toulouse (1079). — Déposition de Bertrand évêque de Maguelone. — Frotard souscrit à l'acte de réconciliation des comtes de Melgueil avec les seigneurs de Montpellier. — Pierre, comte de Melgueil, offre son fils Pons à l'abbé Frotard et à l'abbaye de Saint-Pons de Thomières. — Aventures de Pons de Melgueil. — En présence des évêques d'Albano et de Maguelone ainsi que de l'abbé Frotard, Pierre de Melgueil se reconnaît vassal du Saint-Siége (1085). — Arbitrage de Frotard et des évêques de Carcassonne et de Cahors entre les chanoines de Saint-Sernin, d'un côté, et Isarn évêque de Toulouse, Hunaud abbé de Moissac et Guillaume IV comte de Toulouse, de l'autre. — L'évêque de Toulouse Isarn donne à l'abbé Frotard le lieu de Lavaur avec l'église de Saint-Alain, érigée plus tard en cathédrale par Jean XXII.............................. 93—104

Chapitre VII. — Plaintes de l'archevêque de Narbonne et de l'évêque de Barcelone contre l'abbé Frotard. — Légation du cardinal Raynier. — Frotard fait le voyage de Rome (juin 1089). — Primatie des archevêques de Tolède. — Rétablissement canonique de l'ancienne Tarraconaise. — Frotard assiste au concile de Plaisance où le pape Urbain convoque tous les anciens légats (1095). — Voyage d'Urbain II à travers la province (1096). Il célébra la fête de saint Jean-Baptiste chez les religieux de Saint-Pons de Thomières, et celle des saints Pierre et Paul dans la cathédrale de Maguelone. — Mort de Dalmace archevêque de Narbonne........................ 105—126

Chapitre VIII. — Charte de Raymond de Saint-Gilles en faveur de l'abbé Frotard et des moines de Saint-Pons dont il se déclare le protecteur (1085). — L'abbé Frotard est présent à une transaction passée entre les comtes de Toulouse et de Saint-Gilles (1090). — Guillaume IV, comte de Toulouse, meurt à Jérusalem (1093). — Le roi d'Aragon, gendre du comte de Toulouse, vient offrir son fils Ramire à l'abbé Frotard et au monastère de Saint-Pons de Thomières (mai 1093). — Histoire du moine Ramire. — Son élection à la royauté. — Son mariage. — Son abdication............... 126—147

Chapitre IX. — Contestation entre l'abbé Frotard et l'évêque de Jacca. — Elle se termine par une transaction du 1er décembre 1098. — Frotard établit cette même année à Huesca le prieuré conventuel de Saint-Pierre le Vieil. — Mort de l'abbé Frotard (20 août 1099). — Les moines de Saint-Pons lui érigent une statue sur un tombeau de marbre blanc. — Réflexions sur la légation de Frotard.

— L'église de l'abbaye et le tombeau de Frotard ruinés par les protestants (1567). — Ce qui reste de la vieille église. — Au lecteur...................... 148—160

Chapitre x. — Fondation de l'abbaye de Saint-Pons de Thomières par Raymond Pons, comte de Toulouse. — Sa dépendance de l'Église romaine. — Charte de la dédicace de l'église du monastère. — Concile d'Ausède. — Donations faites à la nouvelle abbaye par Louis d'Outremer ; — par l'archevêque et le chapitre de Narbonne ; — par l'évêque et le chapitre de Béziers ; — par le vicomte d'Albi................................. 161—182

Appendice.

PIÈCES JUSTIFICATIVES.

I. — Donation de l'abbaye de Saint-Pons de Thomières par Raymond Pons, comte de Toulouse (année 936)................................. 181—185

II. — Dédicace de l'église de Saint-Pons de Thomières (année 937)........................... 186—188

III. — Charte du roi Louis d'Outre-mer, en faveur de l'abbaye de Saint-Pons (année 939)........ 189—190

IV. — Donations d'Aymeric, archevêque de Narbonne, et de Rodaldus, évêque de Béziers, à l'abbaye de Saint-Pons de Thomières (année 940)........... 191—194

V. — Donation faite à l'abbaye de Saint-Pons par Aton vicomte d'Albi (année 942)................ 194—198

VI. — Consécration de l'église de l'abbaye de Saint-Martin de Lez (année 1045)...................... 196—198

VII. — Plainte de Bérenger vicomte de Narbonne contre Guifred archev. de la même ville (vers 1059)... 199—206

VIII. — Donation faite à l'abbaye de Saint-Pons par Rangarde comtesse de Carcassonne (an. 1061). 205—206.

IX. — Union de l'abbaye de Saint-Gilles à celle de Cluny (année 1066)................................ 206—208

X. — Accord entre Raymond de Saint-Gilles et Guifred archevêque de Narbonne (vers l'an 1066).... 208—210

XI. — Union de l'abbaye de Saint-Martin de Lez à celle de Saint-Pons (année 1070)................ 210—213

XII. — Donation de Roger comte de Foix à l'abbaye de Saint-Pons de Thomières (vers l'an 1074)... 213—216

XIII. — Promesse de Raymond de Saint-Gilles à Guifred archevêque de Narbonne (vers l'an 1077).... 216—217

XIV. — Plaid tenu par Raymond de Sant-Gilles, etc. (année 1078)............................ 218—219

XV. — Donation des comtes de Barcelone à l'abbé Frotard (année 1079).................................. 220

XVI. — Lettre de Saint Grégoire VII à l'évêque de Girone frère de Guifred archevêque de Narbonne.......... 220

XVII. — Chartes de Guillaume IV duc et comte de Toulouse en faveur de l'abbaye de St-Pons (vers 1079)... 221—227

XVIII. — Donation de Balaruc ou Saint-Martin de Casello à l'abbé Frotard par Pierre de Melgueil (an. 1082). 227

XIX. — Donation de Raymond vicomte de Minerve à l'abbaye de Saint-Pons (année 1083)........ 228—229

XX. — Confirmation de la fondation de l'abbaye de Saint-Pons par Raymond de Saint-Gilles (an. 1085).. 229—230

XXI. — Donation faite par Pierre comte de Melgueil de son comté à l'église de Rome (année 1085)... 231—232

Explication du PLAN de l'ancienne Abbaye de Saint-Pons.

1. Tour ancienne du comte Pons de l'évêché.
2. Écuries et vieux degré des Fenières de l'évêché.
3. Ancienne porte du monastère bâtie et murée.
4. Murs du monastère.
5. Porte nouvelle pour aller à l'évêché.
6. Ancien chœur de l'église démoli.
7. Église existante.
8. Porte de l'église pour aller au cimetière.
9. Porte tenant à la maison de l'aumônerie.
10. Porte principale de l'église.
11. Porte majeure du couvent.
12. Distance du mur du monastère avec celui de la ville.
13. Nouveau bâtiment de l'évêché
14. Porte dite la Portanelle.
15. Porte du Ravelin.
16. Pont de la Grave.
17. Couvent des religieuses ruiné.
18. Tour et gabion au mur de la ville.
19. Maisons du chapitre nouvelles.
20. Jardins du Foiral et ses portes.
21. Porte du Foiral et du Planel.
22. Fenières, écuries, cazal et jardin nouvelles du chapitre.
23. Place du Planel.
24. Rue du Planel allant de la place à l'église et à la porte du Planel.
25. Rue allant de la place du Planel à la porte Nostre-Seigne.
26. Ancien cimetière public.
27. Maisons de Gaboy au compoix de 1550, qui confronte du midi la rue venant de l'église cathédrale à la place du Planel.
28. La porte de Nostre-Seigne.
29. Les murs de la ville.
30. Le jardin de l'évêché nouveau.
31. Jardin recognu par Monseigneur de Bousquat (1638).
32. Rochers inaccessibles.
33. Estires des draps.
34. Maisons de Gaboy au portal de Notre-Seigne au compoix de 1550.
35. Maison de Jacques Vallet, et le degré pour aller sur les murs de la ville au compoix de 1550.
36. Maisons au compoix de 1550 qui prouvent les deux rues, l'une allant du Planel à l'église, et l'autre à la porte de Nostre-Seigne.
37. Maisons confrontant à la place du Planel.
38. Esplanade ou citadelle marquée par des points.
39. Maisons confrontant à la place du Planel et du cimetière.
40. Foiral au bout duquel est le jardin du couvent à la Morgoul, rivière entre deux.
41. Fournial du monastère près les murs de la ville.
42. Anciennes écuries devant la porte majeure.
43. Emplacement du tombeau de l'abbé Frotard.

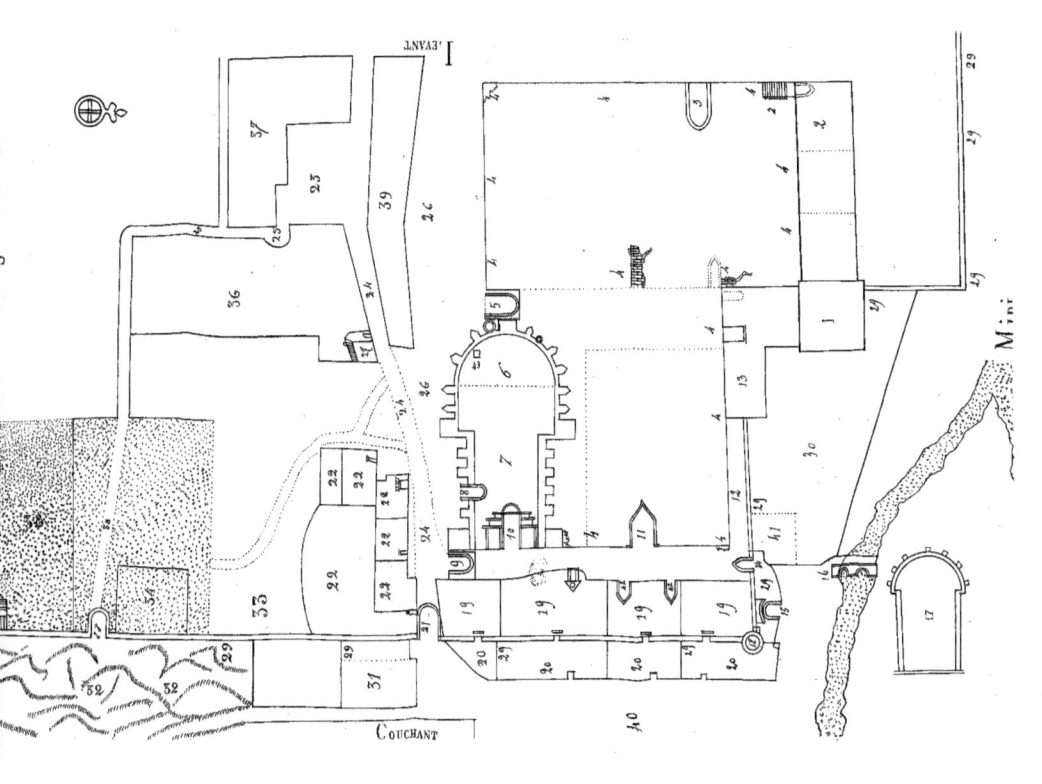

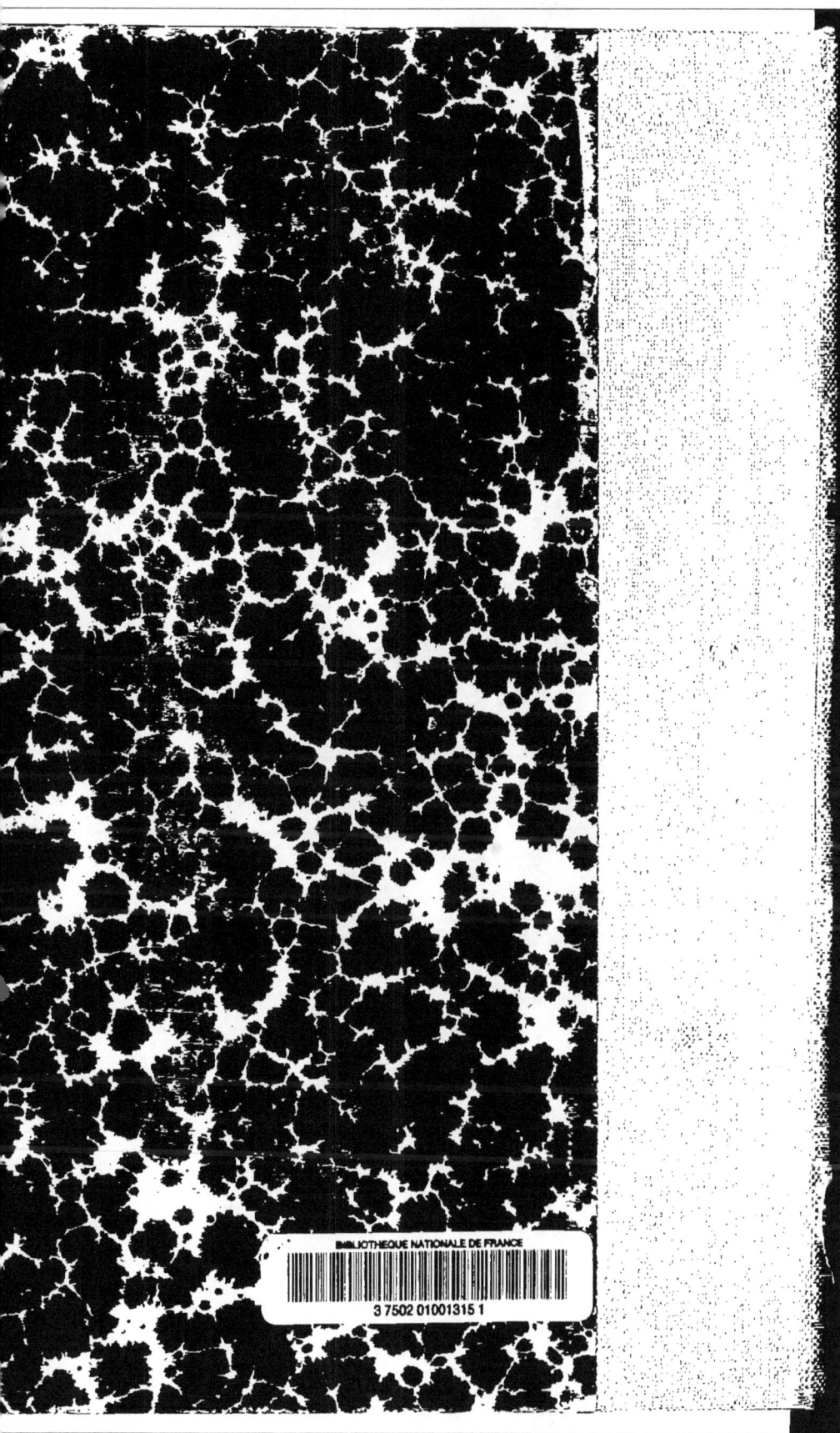

www.ingramcontent.com/pod-product-compliance
Lightning Source LLC
Chambersburg PA
CBHW070544160426
43199CB00014B/2366